思考の整理學

最多東大生、京大生讀過的一本書！

外山滋比古／著
韋杰岱／譯

推薦序

一本精進自我與醞釀深度智慧的好書

洪瀞

隨著時代的進展和科技的演進，資訊從巨量化到碎片化，阻礙我們進行「深度腦思考」的因素已變得更加難以被排除。試想在西元兩千年以前，應該很難料想到如今的人手一機，以及「注意力」隨時可以被分散的世界；我們現今接受到的資訊比過往多了無數倍，爲此而耗費的精神與時間也更甚於以往。在這樣的條件下，一個令人惋惜的情境很可能會是：我們缺乏「思考整理」的技巧，無法將巨量化和破碎化的資訊進行有效的梳理，使其形成系統化知識，或者昇華爲智慧。

這本《思考整理學》歷久彌新，能成爲一本至今仍持續熱銷的知識類好書，並不是沒有原因的。閱讀內容之後，作者的許多概念確實令我驚嘆不已。本書除了給予有效的觀念，教會我們如何進行深度思考外，作者也相當不吝嗇地提供許多自己體悟出來的竅門（know-how），完整地將許多心法分享給讀者。比如說：將自己記錄下的筆記內容從A移植到B；重新編排筆記內容的順序，將ABCD打亂爲CDAB；有技巧地透過遺忘來進行思考整理等等，都能幫助我們打破一般的思考框架，迸發出許多靈感。學會「思考整理」的技巧後，我們也要記得提醒自己：「天下少有不勞而獲的靈感。不將心思放在靈感的醞釀，靈感是不容易被發酵而產出的。」

我非常推薦你閱讀這本書，如果你：

・樂於提升自學、獨立思考的能力，以及渴望騰出時間覺察與調整既有的思考方式。
・想更了解如何善用編輯和反思，以及沉澱的技巧來進行創作。
・不想讓已耗費的「注意力」堆積出無用的資訊，還妨礙自己進行深度思考。
・想學習掌握系統性資訊、知識蒐集的技巧，並利用「積讀法」使自己短期獲得驚人的成長。

・喜歡閱讀案例與故事，並樂於從中學習。
・想嘗試醞釀屬於自己的獨特靈感，讓自己精進思維深度與智慧。
・排斥閱讀不熟悉的事物、不喜歡看自己看不懂的書。

如果你擔心這一類「思考整理」的書籍可能生硬、不好讀，那我跟你說：「外山滋比古教授（本書作者）已非常用心地將竅門統整好了。藉由他充滿趣味的表達方式，讀者一看就能明白他想說的話，而且一思考必受啓發。」只要翻閱內容，相信你就能理解，爲何這本書會獲得東京大學、京都大學以及衆多日本大學生們的熱烈推崇。誠心推薦給讀者們！

（本文作者爲《自己的力學》作者、成大副教授）

推薦序

我們學了很多，就是忘了思考！

歐陽立中

我有個朋友叫建銘，是個發明家，發明無數產品，像是「伸縮電蚊拍」「會跑的鬧鐘」，並榮獲日內瓦發明展特別獎，名副其實的台灣之光。我對「發明」特別嚮往，但就是摸不著頭緒。所以請教了建銘，他問我說：「2加4等於多少？」我愣住，想說這還用問嗎？當然是6啊！這麼簡單。

建銘點點頭，接著說：「很好，那麼我再問你，怎麼樣可以得出6呢？」啊！我想想，可以是7減1、12除以2、2乘3，還有……

「還有把9倒過來，對吧！」建銘笑著說。對啊！我怎麼沒想到呢！

「所謂的創新思考，就是重新思考問題！」建銘說這話時，彷彿有光、儼然智者。我似乎明白些什麼，但又說不太上來。

直到讀了這本《思考整理學》，我才明白爲什麼創新和思考是如此的難。

因爲多數人從學生時代的學習方式，就註定與「思考」分道揚鑣了。他們的學習標準是：會考的記熟，不會考的忽略。他們奉課本爲眞理，以標準答案爲依歸。老師認眞爲學生灌輸知識、答題解惑，卻留下了一個懸而未解的巨大問題：學生眞的會獨立思考嗎？

我認爲《思考整理學》是一本大膽之作，因爲作者犀利指出現行教育問題。像是老師看似賣力地教，但當學習對學生而言，變成茶來伸手、飯來張口，又怎能提振學習動力呢？當學生還沒來得及產生疑惑，老師就劇透知識了。不需要思考的學習，充其量就是一種知識餵食。老實說，自己作爲老師，邊讀邊覺得臉上一陣熱辣，像是被作者呼了巴掌。忍不住想辯駁些什麼，但仔細思考，發現作者說得有道理。

當然，論定一本書，不是看作者批判力道有多大，而是看作者是否眞能解決問題。讀完這本書後，我必須說，作者藝高人膽大。他敢說現今的教育問題，正因爲他手上握有思考的解方。

作者用生動的比喻，讓思考現形。像是他說：「思考是有技巧的調酒。」

教你如何調和各家想法，讓思考獨創而不獨斷。再像作者說：「別把卡片變成黑夜中的蝙蝠」，教你如何用卡片整理想法，一要記出處，二要下標題。在我看來，這些充滿畫面感的比喻，就是作者思考力的展現。讓本來抽象的概念，變得具體且好記。

另外，雖然書名叫《思考整理學》，但我發現書裡，竟暗藏各種「學習技巧」，甚至顛覆你的認知。像是很多人學習怕忘記，但作者告訴你：「要讓大腦高效運轉，就一定要不斷遺忘。」像是有些人學習總喜歡用看的，不愛動筆，但其實動筆寫才是思考，因爲書寫是利用「線性語言」表現「立體思考」。

學習，最怕的是假裝努力，卻不得其法；思考，最怕的是故作姿態，卻拾人牙慧。還好，我們有《思考整理學》，才能學得精準、想得透徹！

（本文作者爲 Super 教師、暢銷作家）

目錄

第2章 思考的醞釀過程

第3章　思考如何去蕪存菁？

第4章　思考的整理和遺忘

第5章 思考的表達與激盪

第6章　思考的進階

第 1 章

獨立思考，一生受用

你是滑翔翼人，還是飛機人？

滑翔翼和飛機遠遠望去非常相似，也都能在天空翱翔。
唯一的差別是，滑翔翼無法獨力飛行。

每年都有好多孩子大了的家庭主婦，因爲有了空閒時間，就想重拾課本，而返回母校找我商量能不能旁聽。當人們動念想再多讀點書時，首先想到的，就是回到校園，儘管他們的身分已經不是學生，而是有點歲數的成年人。當然，並非所有人都會付諸行動，但是有這種想法的人還眞不少。

不限於家庭主婦，無論性別、年齡，任何人想學新東西，都會認爲學校是最好的選擇，因爲在傳統的觀念裡，總覺得有人教才算學習。而既然學校已經準備好了負責教學的老師和課本，大家便認爲到學校上課才是正統的。

的確，接受過學校教育的人，在某種程度上是具備了出社會所需的知識。

當需要專業知識才能上手的職業愈來愈多，學校自然也就愈來愈受重視。

整個社會就這樣瀰漫著對學校的強烈信仰，一般國中生約有九四％會繼續升高中，畢竟任誰都覺得，少說也該混個高中文憑吧。

然而，學校的學生只是跟著老師和教科書學習，自學、自習之類的字眼不過是虛設。**若不是靠自己的力量來獲得知識，就好比滑翔翼一樣，無法靠自己的力量飛上天去。**

成績優異的學生，卻沒有獨力飛行的能力？

滑翔翼和飛機遠遠望去非常相似，也都能在天空翱翔，滑翔翼優雅無聲的在藍天中滑行的身影，甚至比飛機還美。唯一的遺憾是，它無法獨力飛行。

學校是訓練滑翔翼人的地方，不培育飛機人。在滑翔翼的訓練課程中，若摻雜著有引擎的飛機，反而危險又令人困擾。學校重視的是服從，拉你去哪裡，乖乖跟著走就對了，學生自己亂飛是違規的，會立刻受到指責。於是要不了多久，每個人都被訓練成聽話的滑翔翼，順利畢業。

成績優異的學生，往往是操控良好的滑翔翼，看起來好像很能飛，但若眞要放他單飛，可就麻煩了。因爲若沒有人從旁指導，他就不知道怎麼飛。

一流的滑翔翼學生，畢業前也得寫篇論文。論文是隨個人喜好自由選定題目，這跟過去的學習方式南轅北轍。這突如其來的要求，滑翔翼學生當然不可能會。

一籌莫展、緊張又慌張的優秀滑翔翼學生，立刻去找老師「商量」。老師悉心「指導」也就罷了，萬一老師膽敢說：「你怎麼一點想法也沒有就跑來找我？」或是「靠我從頭帶到尾寫出來的，哪能叫論文？」拒絕過度的協助，滑翔翼學生就會噘起嘴巴，責怪老師不願意好好指導他。

然後，他們會跑去找平常很照顧學生的老師，請老師一一指點該讀什麼書、該注意些什麼，快快樂樂的完成他們的滑翔翼論文。容我不誇張的說，畢業論文其實多半都是屬於這一類。

愈是成績好的學生，對論文似乎愈覺得棘手。他們擅長一個命令一個動作，不習慣自己思考後定出課題。**受過長年的滑翔翼訓練，時刻都有人引導自己，日漸習慣之後，自然就喪失了獨力飛行的能力。**

為什麼職業棋士反對義務教育？

當然也有例外。一般而言，在學校受教育的時間愈長，獨力飛行的能力就愈差。當滑翔翼能平安穩妥的順利飛行，誰會想去當危險的飛機呢？

孩童充滿創造性，大多數的孩子天生就是詩人，就是小發明家。可是，當他們進入學校受教育之後，就從詩人變成了散文家，愈來愈擅長模仿別人。

從前的藝術家對學校教育敬謝不敏，恐怕也不只是個人喜好問題。要想製造飛機，怎麼可能一直待在滑翔翼學校荒廢時光？

即使現在，還有許多職業棋士明白表示，義務教育要上到國中，對他們是很大的妨礙。在腦力發展最快的時期，被迫在學校接受滑翔翼訓練，對他們一點幫助都沒有。

每個人都同時具備了滑翔翼能力和飛機能力，前者是被動獲得知識，後者是主動發明、發現。固然，有些人欠缺滑翔翼能力，也就是連基本知識都不會，在什麼都不懂的情況下就獨自飛向天空，任何意外都有可能發生。可是在現實環境裡，有許多滑翔翼能力占了壓倒性優勢、卻幾乎完全欠缺飛機能力的人，被視爲是「優秀」「有能力飛行」的人。

學校雖然適合培育滑翔翼人，卻鮮少付出心力栽培飛機人。學校教育愈完善，培育出的滑翔翼人就愈多。當大家都是類似的滑翔翼人，便忽略了滑翔翼的缺點，口口聲聲強調這就是知性，這就是智慧，而誤以爲可以在天空飛翔。

燦爛的花朵下有深盤的根

我們常常見花而不見枝葉，就算偶爾將目光轉到枝葉上，卻又忽略了莖幹，更不用提根部了。當目光受到燦爛的花朵吸引時，哪還會想到根幹呢？

可是據說，植物露出地表的部分與深藏在地下的根部，形狀幾乎是相同而對稱的。植物能開花，也是因爲地底下有龐大的組織支撐。

知識正是人這棵樹所綻放的花朵。因爲覺得花朵美麗，就摘下來插在瓶中觀賞，花很快就會凋謝。可見，花是無法據爲己有的。

然而，十九世紀以來，知識分子不斷將在歐美盛開的花朵引進國內，其中也曾嘗試整株移植，但大多數的情況都是只剪下盛開的花朵帶回來，這樣很難在本地開出相同的花。所以大家常說，翻譯文化是不毛之地，結不出任何果實。

我們應該重視根部，若不從根部開始照顧起，就開不出屬於自己的花。當然，直接引進花朵或許更省事，這時滑翔翼人就是珍貴好用的人才，因爲只要奉命行事，就能順利達成任務，自主性太高反而會造成麻煩。

若有指導者的存在，而且目標明確，滑翔翼能力就能獲得高度肯定；但若要創造新的文化，飛機能力就顯得不可或缺。可惜過去的學校教育似乎蓄意抑制了飛機能力的發展，即使現在突然要強化、提升，恐怕也是困難重重。

成為獨力飛行者

另一方面，現在是資訊爆炸的社會，完全沒有滑翔翼人也不行。那麼，有可能讓滑翔翼裝上引擎嗎？學校和社會不妨好好思考一下這個問題。

本書企盼爲有志兼具滑翔翼和飛機兩種能力的人，提供一些想法和注意事項。

今後，只靠滑翔翼能力將無法高枕無憂，因爲擁有極優秀滑翔翼能力的電腦誕生了，無法靠自己飛行的人，工作將會被電腦取代。

學校的模範生，不等同未來成就

從前的老師不輕易施教，學生得自己想辦法從老師身上偷學。漸漸的，便培養出靠自己習得新知識、新資訊的能力。

仔細想來，學校會成為訓練滑翔翼人的場所，也是情非得已。剛上小學的孩子還不曉得學習是怎麼回事。儘管有求知欲，卻不知道要怎麼做，總之就努力跟著老師學習。有人在前面帶領才動起來，稱不上自發性學習，而是被動學習。

學習本來不該如此，這點大家都知道。但是學校作為一個有制度的組織，無法等待學生主動產生學習意願後才教他們。

就學年齡是固定的，但並非每個人時間到了都會做好學習的準備。然而學校為求方便，必須統一作業。於是，被帶領的一方，在不知所以然的情況下，就這樣被拉著走。

一開始養成的習慣，在學期間便一直如影隨形，而且只會更加根深柢固，不會改善。不僅如此，即便出了社會，他們還是深信，所謂學習，就是要有老師、有教科書。

在學校裡是最優秀的學生，並不代表在社會上一定能功成名就。這也證明了，光具備滑翔翼能力，也學不會真正的飛翔。

只是，學校一向偏愛聽話的滑翔翼學生，至於那些任意行動、叫也叫不動的學生，反而認定他們有問題。

過去的教育家，「心機」很重

其實教育並非始於學校。在沒有學校的時代，就已經有教育了，而且那時候似乎已注意到滑翔翼教育的問題，受教的一方心態也跟現代人不同。過去，想做學問的態度是最基本的條件，但如今我們竟然要教導毫無學習意願的學生，足見社會對教育根本毫不關心。

早期為有學習熱忱的人所開設的教育機關，例如私塾或道場，情況又是如何呢？

弟子入門後，通常不會馬上給予教導，應該說是「拒絕教導」。想學劍道的年輕人，每天只吩咐他砍柴、灑水，有時甚至要求他幫忙照顧老師的小孩。「為什麼不教我？」年輕人當然會心生不滿，但實際上，這是為了刺激、提高他的學習意願。過去的教育家深諳此理，才不輕易施教。

必須先讓弟子感到焦急，而即便如此，也不是馬上就毫不保留的傾囊相授。非到緊要關頭，是不輕易傳授的。這樣看來，教育者似乎心機很重，而且沒有教學的誠意，但其實他們從經驗得知，這全是為了學生好。

學習不只靠頭腦，還要用身體去記住，而且通常不靠言語傳授。精通奧義的名師巨擘，如果一開始就教授弟子最高奧義，恐怕奧義的精髓不久就會慢慢瓦解，這與「富不過三代」可謂異曲同工。

想得老師的真傳，靠偷學

從前的老師會隱藏絕技，即便是對心愛的弟子也祕而不傳。於是弟子放棄尋求老師的指導，轉而思考如何從老師身上偷學技藝，這便是昔日教育的目的。以前的人早就知道，對於想學習的人，慷慨施教絕非聰明的做法。只有對極少數特別的人才可以傾囊相授。

當弟子處心積慮想偷取老師不傳的技藝，漸漸的，便培養出靠自己習得新知識、新資訊的能力。不知不覺間，滑翔翼變成了飛機，最後盡得老師的真傳。也因此，儘管古老技藝或學問常有嚴格的傳統與規範，但繼承者往往能從中創造出自己的個性，其祕訣就在於它特別的傳承方式。

以前的人就是這樣將容易流於被動的學習，成功導向主動學習。這也是將滑翔翼轉換成飛機的智慧。

反觀現今的學校，教導的一方過於積極、親切，一味的傳授知識，結果養成學生「茶來伸手、飯來張口」的依賴心理。學校愈熱心、愈有教學能力，愈會讓學生養成被動的態度，這就眞正的教育而言是失敗的，實在諷刺。

雖然有點晚了，但有心人士開始反省填鴨式教育所帶來的影響，慢慢注意到滑翔翼訓練產生的弊害。

填鴨式教育本身並非不好，但因此削弱了學習意願才是大問題。如果學生自己有強烈的學習意願，面對再多的知識，只會恨不得全填進腦子裡。相反的，對於抗拒學習的人而言，即便只有一丁點，也會抗議受不了壓迫。

不教導反而是好的教育方式

從前，上私塾的孩童，尚未認識幾個大字，就要讀四書五經這些最艱深的古籍。說「讀」並不正確，充其量只是朗誦罷了，這稱爲「素讀」。

老師雖懂經書的意義，但在素讀課上是不解釋意思的，所以才叫作「素」讀。即便孩童年紀小，碰到生字也會想知道是什麼意思，只是老師偏不教，沒辦法，只好忍耐。漸漸的，孩子心中萌生了想快點了解的念頭。就這樣，不教導反而是好的教育方式。

現今的語文教育，一開始會先強迫學生了解意義，也就是在學生產生疑問和好奇心之前就先教給他們了。不只是意義，連文章作者的一切也都鉅細靡遺的從頭到尾教了一遍。現在的高中生，連宮澤賢治❶抱持何種信仰也都必須知道，而這到底是不是件幸福的事，實在令人懷疑。**過度的親切反而會造成反效果。**

從前學素讀的孩童，並不需要熟讀孔子或孟子的傳記。

現代的學校教育即使給予學生滑翔能力，卻難以建立他們的飛行能力。學校甚至還將培育出來的滑翔翼誤以為是飛機，只要學生考試拿高分，就頒發飛行認證，這樣一來只會招致更多的混亂。

培養飛行能力，從問問題開始

談到思考，人們首先想到的可能是數學。針對題目算出答案，這比起閱讀文章，從中吸收知識、資訊，看起來更具自發性和積極性。

簡單來說，一般認爲求知活動主要以學校的國文科爲中心，與閱讀的學習有關；而思考活動則以數學爲中心。

數學雖然可以鍛鍊思考能力，但是老師出題、學生解答，仍屬於被動的模式。即使在問題的框架內積極的尋求解答，但問題本身是別人給的，不是自己想出來的。學校的數學教育總是預先準備好問題，沒讓學生嘗試自己主動發現疑問、找到答案，課程就結束了。

據說希臘人建立了人類史上最輝煌的文化，就是因爲他們擁有傑出的發問能力，總是會問「爲什麼」。希臘人的飛行能力實在太優秀了。

文化一旦多元化，人類便難以在天空中自由飛翔，因爲學校會不斷製造出滑翔翼人，充斥整個社會。對滑翔翼來說，飛機的存在是一種困擾。

儘管如此，社會上仍有少數人不厭其煩的宣揚創造的重要。這也就表示人們慢慢省思到目前教育的危機。只是，如何真正激發創造的方法，還有待大家來思考。

注釋：

❶ 詩人、童話作家，作品有《銀河鐵道之夜》等。

夜貓子，想不通？

早晨的頭腦比夜晚的頭腦好。
睡過一覺，消除了疲勞、又是空腹的早晨，無疑是最適合思考的時間。

人是從什麼時候開始變成了夜貓子？當然，大部分的人都是在白天工作、活動，但是有關用腦的活動，似乎固定在晚上才會進行。古有云，挑燈夜讀，這顯示了從沒有電燈的時代起，讀書就屬於夜晚。

人們不知從何時建立起夜的信仰。現在的年輕人多半認爲晚睡晚起是理所當然，晚上才是念書的時間，如果早起，還會被嘲笑簡直像老人一樣。

好幾年前我便注意到，在晚上思考事情與在早晨思考有明顯的不同。爲什麼呢？仔細想想，這眞是個有趣的問題。

睡前寫好的信，早上醒來後再讀一遍，有時會不明白自己昨晚爲什麼會這樣寫。雖然是自己親筆寫的，還是覺得不可思議。

有一本介紹書信規範的外文書曾寫道：因一時情緒寫下的信，務必放上一晚，隔天再看一遍後才寄出去。過了一個晚上，不少人都會猶豫該不該就這樣直接把信寄出去。這是十分有用的生活智慧。

此外，我總覺得早晨的頭腦比夜晚的頭腦好。如果晚上遇到棘手的難題無法順利解決，我總會想：算了，明天早上再處理吧。當然，此時內心深處會閃過「今日事今日畢」這句話，不過我還是會強壓念頭，先睡了再說。

到了早上，再次挑戰難題。結果，你猜怎麼著？原本棘手的問題竟輕輕鬆鬆迎刃而解了。昨晚的窘況簡直像作夢一般。

早晨的頭腦比夜晚好

起初我還以為這只是偶然，畢竟那時候我還相信夜晚會帶來靈感。但是漸漸的，我開始懷疑了，因爲相同的狀況發生過太多次，已經不是偶然能夠解釋。直到後來，我才了解到，一個人在早上與晚上，對事物的體會是不同的。

日文會用「早餐前」來形容事情輕而易舉、極其容易。並不是因爲事情簡單才安排在早餐前做，而是不管事情簡單還是麻煩，都盡快趕在早餐前完成，不知情的人還以爲那件事很簡單，而以「早餐前」來形容。由此可知，早上的腦袋效率有多好！

不管什麼事，只要在早餐前就能迅速完成。

有趣的是，**早晨的頭腦似乎也比較樂觀**。有時候晚上寫好文章，怎麼看都不滿意，於是決定先睡一覺，明天再重寫。等到天一亮起床，頭腦清醒後再重讀一遍，發覺並沒有原先想的那麼糟，於是便改變了心意，決定維持原狀。

一時情緒所寫的信，到了早上仔細想想，雖覺得不是很恰當，但也不是完全不可取，寫得好的部分還是會認同。

有了好幾次類似的經驗後，我決定改變夜貓子的生活方式，轉換成在清晨工作。當時我四十歲左右，還不算上了年紀。事實上，隨著年紀增長，人會不知不覺傾向清晨工作的生活方式，我甚至聽過一些年輕時是夜貓子的人說：現在想做點事都只能趁早上了。

不必英雄式的早起，只要改吃早午餐

在早餐前工作是符合自然、天經地義的，而晚上挑燈夜戰則有違自然之理。

年輕人意氣風發，對熬夜不以為意，反正有足夠的體力。然而隨著年齡增長，身體逐漸承受不了熬夜，最後回歸了自然，卻一時適應不了早上很快就清醒的窘境。

雖然我還不到那樣的年紀，但我決定效法老年人，將晚上的工作全部移到早上來做。即便如此，我也沒辦法一大清早就起床，而且只要賴個床，根本別指望在早餐前能做些什麼事，因此得想個辦法才行。

我不需要英雄式的早起，我只想趁著早晨的美好時光，盡可能在早餐前完成眾多工作。該怎麼做呢？答案很簡單。

不吃早餐即可。

如果早上八點起床，八點半吃早餐，要想在早餐前完成工作永遠只是妄想。但如果不吃早餐，起床後就能立刻開始工作。

不吃早餐的說法不太正確，事實上，只是將用餐時間延至中午，所以應該說早餐與午餐一起吃比較妥當。這絕不是什麼反常的行爲，因爲大家都知道，這叫作「早午餐」。

如此一來，到中午以前全都是早餐前的時間，在這段時間內做的事，全都是早餐前的工作，多麼完美啊！

基本上，食物下肚後，就不適合從事花腦力的工作，因爲這時血液正忙於協助消化，頭腦會變得昏昏沉沉的。所以說，學生在下午上課時會打瞌睡是理所當然，甚至是身體健康的證據。仔細想想，在下午這段時間叫學生上課念書原本就是不對的。

據說訓練猛獸只能趁牠空腹的時候，動物一旦吃飽，就無法再讓牠們移動半步。比起人類，動物更確實遵守著自然法則。人靠著意志力勉強自己，即使想睡也強忍著不睡。

有時候勉強自己是必要的，但不能一直這樣。吃飽後理應好好休息，而用餐之前就要集中精神好好工作。所以，不妨也學我把中午以前當作早餐前的時間吧。即使八點起床，也還有四個小時，在這段時間內完成當天所有的工作。

我持續這樣的生活模式已經將近二十年。

多睡一覺，得到只屬於自己的早晨

這些年來，我又想到了另一個方法：悠閒的吃完早午餐，然後再睡一覺。有事外出時當然無法這樣做，但如果整天都在家，我會睡上一覺。我所謂的睡覺，並非隨意躺下來打個盹，而是會鋪床、穿上睡衣，眞正的睡覺。

不久，睡醒了，「現在到底幾點？好像睡過頭了？……」倘若一瞬間誤將過午時分錯認爲早晨，那就達到效果了。因爲這麼一來，就能擁有「**只屬於自己的早晨**」。

洗臉、刷牙，完成早晨的儀式，無論太陽升到哪個位置都不是問題，此時，對我來說又是新的一天開始。

但我還是不吃「早餐」。直到傍晚時分，我會連同晚餐一起吃頓美味的大餐。在吃晚餐之前的時間，就全都是「早餐前的時間」。這麼一來，一天便有兩次早餐前的時間，一天變成了兩天，而且從下午三點到傍晚六、七點，也都能保持十分清晰的頭腦。

不少人認爲思考是即時、不分時段的，但是大家也清楚，用餐後不是思考的好時機，身體疲勞時也不適合思考。

那麼，各位就不難理解了吧——睡過一覺，消除了疲勞、又是空腹的早晨，無疑是最棒的思考時刻。接下來，就是想辦法延長早餐前的時間了。

第 2 章

思考的醞釀過程

腦袋中的釀造廠

思考就像釀造啤酒，就算有再多的麥子，也無法釀成啤酒。還必須加入關鍵性的材料——酵母，也就是靈感。

先前曾提到學生來找我商量畢業論文的事。與其說是商量，多半是來央求我幫他們完成論文。

明明是自由發揮，學生卻不曉得要寫什麼，於是跑來說：「我不知道要怎麼寫，請老師指導我。」可是當我說明該如何進行時，他們卻又露出抗拒的表情，發牢騷說：「我不想這麼做、不想那麼做……」而當我說出「那就隨你便」時，他們一下子又顯得手足無措，不知如何是好，眞是令人啼笑皆非。

就這樣，每年總會有不少學生跑來詢問論文該怎麼寫才好。漸漸的，我便想，或許我該教學生如何找到論文題目。

論文題目該怎麼定？

論文題目若是由別人指定，就不能算是自己的論文。那麼，要如何訂定論文題目呢？

關於這點，以前我會在課堂上與學生好好討論，但後來，我總覺得談這件事不好意思，便不再說了。現在，我決定再丟人現眼一次，公開我自己找題目的方法，這跟我過去和學生談過的大同小異。

如果是文學研究方面的論文，首先要閱讀想研究的作品。如果先去讀別人寫的評論文章，很容易被先入爲主的觀點牽著走。

在閱讀作品時，一定會有感到佩服的地方，也會有疑惑、不明瞭之處，此時要將這些地方全摘錄下來，再反覆閱讀。覺得有感覺、有體會的，就是重點；另外如果有像謎題般難懂的部分再三出現，也要特別注意。

這些就是素材。

但只有這樣還不夠。就像釀造啤酒，就算有再多的麥子，也無法釀成啤酒。

因爲還需要一點靈感啓發。

靈感無法從作品本身獲得，也不是在特定的地方就能找到。有時會在雜誌上讀到對論文有啓發的觀點；與他人聊天時，偶爾也會浮現意外的靈感。不論電視上、書刊上、報紙上，都有可能潛藏著有趣的想法。

這樣的靈感或啓發，相當於釀造啤酒時所需的酵母。有些學生非常努力，一天到晚孜孜不倦的啃讀著作品，但光是這樣也還是找不到題目、寫不出論文。

找到酵母，才能釀出思考美酒

要讓麥子變成酒精，還必須加入關鍵性的材料。這材料不能與麥子同性質，而是得從完全不同的環境中取來才行。

我們知道，許多偉大的發現都是來自靈光一閃，有時靈感的來源，不管對本人或旁人來說，都是個意外。同樣的，要獲得一個有趣的論文題目，也必須先找到絕妙的靈感。若在已知的地方拚命翻找，可能只是白費力氣。

不管再怎麼努力，不加入酵母，麥子也不會變成酒精。

那麼，是不是只要找到靈感，加入素材，就能立刻發酵，變成啤酒？當然不是。

必須靜靜放置一段時間，也就是我下一個章節會談到的「熟成」，這是素材與酵母產生化學反應的過程。因爲即使擁有再好的素材與酵母，加在一起也不可能立刻變成酒精。

對於腦袋中的釀造廠，我們得花點時間慢慢等待，稍安勿躁，暫時忘了它。正所謂「**心急水不沸**」，眼睛一直盯著茶壺，水反而煮不開。

舉一個我親身的體驗。十多年前，我曾提出「異本論」的想法。

當時我注意到，像莎士比亞這樣的大文豪，在世時並未得到應有的評價。直到他去世後不久，人們才發現其作品的偉大。不過，這時候莎士比亞還未被神格化。後來隨著評價愈來愈高，終於成就他如神一般的存在。即便如此，有些時代對於莎士比亞還是略有貶抑。

不只莎士比亞的作品，《源氏物語》也有類似的情況。為什麼同樣的作品，評價卻褒貶不一呢？我有了這樣的疑問。這就是啤酒的原料——麥子。

文學家死後才出名的原因

有段時間我沒再深究這個問題，直到後來我讀到評論家愛普生（William Epson）的一篇文章，文章中提到：有爭議的作品，評價總是眾說紛紜，但它的意義不會只是其中一種解釋，而是涵蓋所有的說法。

人總是愛提出解釋，喜歡闡述自己的看法。

此時，我開始對流言總是滿天飛的人類心理產生興趣。我想到，或許喜歡添油加醋，或重組他人說過的話，是人類的本能。

這兩件事啓發了我，成爲我需要的酵母。將酵母加入素材後，過了大約二、三年，我提出了人在理解原典時，總會創造出「異本」的看法。讀了A，以為理解了A，但那絕不是A，而是A'，亦即不同於原典的異本。文學有趣的地方，便在於它容許異本的存在。六法全書之所以不像小說那麼有趣，就是因為法律不容許異本存在（但法律還是會因解釋的不同而產生爭議，所以異本也不是完全不存在）。

於是我寫了一篇〈異本論〉的文章。對我來說，這是一瓶釀好的啤酒。

發酵時間的長短，因人而異

當我提出訂定論文題目就像釀造啤酒的比喻後，學生發問了：

「那要放多久才會發酵呢？」

這與釀造啤酒不同，實在沒有標準。啤酒熟成需要一定的時間，而釀造腦袋裡的酒需要多少時間，則因人而異。即使是同一個人，因狀況不同，到發酵完成所需的時間也不一樣。

不過，若時間到了，自然就會開始發酵。放心吧，你不會錯過的，題目會自己在腦中醞釀，等時機成熟就會浮現出來。在這期間，你的心情也會跟著雀躍起來，心撲通撲通的跳，這就表示酒精的發酵作用已經確實在進行了。

關於這點，法國文豪巴爾札克曾說過一句有趣的話：

「**題材熟成了，自然會送上門來。**」

不費力氣，題目自然到手，因爲它會自動送上門來。

不過，我們還是希望能夠推測大致的時間。我們可以記錄素材與酵母（靈感）混合的日期，直到題目浮現腦海，這段時間就是熟成所需的時間。

就這樣一次又一次，不斷重複記錄，之後就能判斷大約需要多少時間了，心裡也好有個盤算。寫論文若能按照預定計畫進行，是再好也不過了。但如果是第一次寫論文，想按照計畫的時間進行，恐怕只能求助神明保佑了。

睡一覺，再想想

凡事不可操之過急，有些事光靠意志力是做不到的，唯有時間才能解決。靜靜等待幸運來敲門，才是明智的做法。

十九世紀，英國有位小說家名叫史考特（Walter Scott），他寫過非常精采的歷史小說，是文學史上的名人。

據說史考特是躺著思考的人。每當遇上麻煩的問題，不知道該如何解決時，他總會說：「哎，別擔心，明天早上七點就解決了。」

也許他早就從經驗得知，與其在當下爭議不休，倒不如睡個好覺，等到早上睜開眼睛，自然就會有頭緒了。

相信清晨的頭腦，期待朝陽的靈感，似乎不是史考特個人的專利。英文裡有個片語叫「sleep over」（睡一覺，再想想），可見許多人都知道早上特別容易浮現好想法。

偉大的數學家高斯，曾在記錄某項發現的筆記本封面寫著：「一八三五年一月二十三日，早上七點起床前發現」。這是否也證明了，不管是「睡了一覺」或「睡了好幾覺」，只要到了早晨，靈感自然就會蹦出來呢？

同樣的，大科學家亥姆霍茲（Hermann von Helmholtz）也說過：「早上睜開眼睛的瞬間，靈感就來了。」

從這些例子來看，「發現」的確是偏好早晨的。

歐陽修的「三上」理論

宋朝的歐陽修有個「三上」之說。他認爲最容易文思泉湧的三個地方是：馬上、枕上和廁上。其中的枕上，一般都解釋爲入夜上床後的時間，但如果我們想成是早上醒來到起床前的這段時間，那麼史考特、高斯和亥姆霍茲等人，全都是枕上的實踐家了。

晚上睡覺前，本來就不適合思考太難的事，因爲會妨礙睡眠。在想睡的時候，腦海裡千頭萬緒，根本想不出什麼好點子。

睡前閱讀有趣的書籍，也頗値得三思。因爲那樣會不斷刺激大腦，使心情亢奮，最後難以入眠。有些人知道太晚不宜喝咖啡或紅茶，卻絲毫不以爲意的在睡前讀著令人心情亢奮的書。其實晚上應盡量不做刺激大腦的事，一切留待天明再說。

希望大家不要把「枕上」解讀爲夜晚，應該想成是清晨。大部分的人幾乎都不曾好好利用清晨這段時光。就算不習慣，但若要思考一些事情，還是建議大家利用醒來後、起床前的這段時間，專心的思索寶貴的靈感。

爲此，我們需要材料。光是恍神發呆是生不出任何東西來的。有問題可想，才會有靈感浮現。

爲什麼「睡了一覺」就會有好想法呢？不知道。但這似乎說明著，從提出問題到答案浮現，是需要一些時間的。在這期間，若一直執著於思考反而不好。應該暫且擱下問題，讓思緒沉澱。而**晚上睡覺的時間，就是最佳的沉澱期**。

與其想破頭，不如暫時擱下

常聽到有人說「我從早到晚都在想」之類的話。看起來好像思忖良久，可惜總是得不到滿意的答案。想太久，就陷入了偏執，迷失了大方向，拘泥於細節，讓腦子陷入一片混亂。

先前我曾援引過一句外國諺語：

「心急水不沸。」

心心念念著怎麼水還不煮開呢？怎麼還不煮開呢？結果頻頻打開壺蓋，這樣水是永遠煮不沸的。太過關心反而沒有好結果。這句諺語教導了我們，不要太過在意，暫時放下是必要的。

思考也是如此。想太多，反而看不見問題的關鍵，該發芽的卻冒不出頭來。而如果睡上一晚，就是花點時間讓茶壺裡的水煮沸，讓靈感可以冒出頭來。枕上之妙正是如此。

當然，視情況，有時候一個晚上稍嫌太短。遇到重大問題，或許需要更長的時間沉澱才有辦法解決。只要稍微思索就立即有答案的，並不是什麼大問題。眞正的大問題得長期在心中醞釀、沉澱，最後才會成形。

美國經濟學家羅斯托（Walt Whitman Rostow）曾擔任甘迺迪總統的經濟顧問，全球知名。他所著的《經濟成長過程論》是劃時代的學說，受到高度的評價。翻開書頁，序文中提到，他開始對這個主題感興趣，是在哈佛求學的期間。之後匆匆幾十年的歲月流逝，他始終無法整理發表，並不是因為工作忙碌，而是他一直把這個問題放在心上醞釀，最後終於孵化完成這本鉅著。

所以，一個重大問題在得到解答之前，就像蛋要孵化成雛鳥一般，必須花上一段相當的時間。

對羅斯托而言，這理論並不是他窮究的一切。他必定也還在思考其他的問題。他不是怠惰偷懶，而是讓時間去沉澱。如果一直「盯著茶壺」，說不定中途就失去興趣了吧。

現在雖然比較少見，但過去常看到一些篤學之人，專心致志的研究某一個主題。他們心無旁騖、全神貫注。就研究者而言，這似乎是正確的做法，但事實上有時反而效果不彰。

為什麼？我想還是因為過於盯著茶壺了。水要煮沸，得耐心等上一段時間，去醞釀、去沉澱。**在思考的整理上，再也沒有比沉澱更重要的事了。甚至連思考的生成，都必須經過放空、沉澱的過程。**

靜靜等待幸運來敲門

據說作家最好的創作素材，常常是來自年少時代的經驗。以童年經驗為基礎的創作，不管有沒有冠上成長小說或少年讀物之類的名稱，若是不夠好看，那麼這個作家只能算是庸才。

為什麼描寫自己幼年或青少年時代的作品，往往都是佳作呢？因為素材擁有充分的時間沉澱發酵，已經變成了結晶。而多餘的事物在時間的洗滌下，早已風化了。那些長久以來沉澱在心中的事物，擁有不可思議的力量。在內心沉睡的題材，一旦覺醒，絕對活動力驚人。所以凡事不可操之過急，有些事光靠意志力是做不到的，只有讓時間自然的引導我們，在超越意識的瞬間，答案就浮現了。

人定勝天，努力就會成功，不過是人類妄自尊大的想法，有些事即使努力也做不到，唯有時間才能解決。靜靜等待幸運來敲門，才是明智的做法。有時候只要靜候一個晚上就能輕鬆到手，有時候可能需要幾十年的沉潛才開始成形。

不論如何，我們應該更加關切，如何利用這些無意識的時間來產生有效的思考。

思考是有技巧的調酒

只是混合各家學說，看起來像調酒，但其實只是混酒。獨特而不獨斷，才能調出一杯內涵深厚、讓人醉心的美酒。

前面已經談過如何釀造腦袋中的酒，而從中醞釀出來的，就是屬於自己的思考，是純粹無雜質的。即便其中混入其他的成分，也已經完全融入而不著痕跡，所以是獨創的。

但如果懷抱著這樣的想法，一不注意，就會陷入自以爲是的陷阱。你會以爲其他的想法全都不可行、都是錯的。有自信當然是好事，但過度自信就很危險了。一味相信自己的想法是唯一，會讓自己漸漸看不到其他的想法。

美國女作家維拉凱瑟（Willa Sibert Cather）曾寫過：

「只有一個人，則太多。只有一個人，將會奪走一切。」

這裡的「一個人」，指的是愛人。意思是說，如果目光只放在一個人的身上，會讓你看不見其他事物。

有關思考和發想，幾乎也是同樣的道理。

「只有一種想法，則太多。只有一種想法，將會奪走一切。」

有人認爲凡事應該一心一意，貫徹到底，認爲純粹而勇往直前的生活方式最美好，但這樣並不一定會帶來豐碩的果實。反倒是那些擁有多線思考的人，在最終收網的時候，可以得到最豐盛的成果。

一個太多了?!

我經常對要寫論文的學生說：

「論文題目一個太多了，至少要兩個，有能力的話最好想出三個，再著手開始寫。」

聽到我這麼說的學生，往往都會納悶，爲什麼一個會「太多」呢？但是我相信，時候到了，學生自然會明白我的意思。在他們想不通的時候，不管我再怎麼說明也只是浪費唇舌。

當你手邊只有一個題目時，就像一直盯著茶壺一樣，萬一到頭來這個題目行不通，就沒有退路了。執著、堅持固然好，但若太過用力，就會變成鑽牛角尖的死腦筋。反之，如果我們心裡想著「萬一這個不行，還有替代方案」，心情就會輕鬆許多。就讓多個題目彼此競爭，最後再來選擇最能申論、最能發揮的一個。當你一邊思考「該選哪個好呢？」，題目也會主動朝你靠近。這就是「一個太多了」的觀念。

此外，若認爲只有自己的想法才獨特，那也太自負了。優秀的人比比皆是，怎能只著眼於自身小小的獨創，便以爲這就是全宇宙獨一無二？事實上，沒有前人種樹，後人哪能乘涼？有想法的人除了要有自信，更應該虛懷若谷。

假設以釀造法來比喻想法的生成，當我們腦海中浮現想法之後，通常要先放在一邊，去調查以前是否有人也思考過同樣的事。如果發現已有相同或類似的「酒」存在，即使是巧合，後來產出的「酒」再怎樣高聲疾呼自己是獨創，也不能說是新發現了，因為誰先誰後的次序非常清楚。一般來說，很少有什麼想法是完全創新、從未被思考過的。

要調酒，不要混酒

舉例來說，有一位學者對某作家描寫女性的手法有獨到的見解，他把自己的想法彙整之後，認為這應該有獨創性，便著手調查過去是否有相關的研究。假設他最後調查到有A、B、C、D四種學說，而他自己的見解X雖然與這四種學說不同，但嚴格說起來比較接近B。

此時，最取巧的方法就是援引B，證明A、C、D的謬誤，並闡述自己的見解X。但是要小心，在立論的過程中，混合A、C、D的說法，可能反而稀釋了X的見解。

還有另一個方法，就是先單純決定以「描寫女性」為主題，找出之前A到D的研究，整理出一篇論文來。不過，這杯酒並不是屬於自己的酒X，反而比較像是拿他人的酒來一決勝負。

混合了A、B、C、D的學說，看起來像調酒，但並不算眞正的調酒，而只是混酒，也就是近似調酒的酒罷了。

在日本以往的人文學科研究中，像這樣的僞調酒多不勝數，有些毒舌派甚至譏諷是「用注釋拼湊出來的論文」。把混合過的酒再拿來使用，取出能用的部分，作爲自己立論的根據，經過一番整理和適當的塑型修飾，就生出一篇論文。

綜合整理各家學說，對後世學者來說固然是很方便的資料，但這樣的東西是否足以稱爲論文，還有待商榷。這類應該稱作研究史的資料，最多只具備啓蒙上的意義，卻有人以爲那是極具學術價值的工作，於是胡亂一通的蒐集資料，把挖掘被埋沒的文獻當作畢生志業，像這種偏離正道的文獻研究比比皆是。

如何獨創而不獨斷？

要生成新的想法，第一要件就是要有獨創性，必須是靠自己的頭腦想出來、他人無法企及（至少是本人引以爲傲）的發想。然而，如果只是炫耀自己的主張，也難以說服別人，因爲好不容易思考出的想法，看起來只是自己獨斷的意見。

因此接下來，要如前所述，調查、對照前人所做的論述。例如，在A、B、C、D學說當中，B是最接近X的學說，但如果只是創造出XB論，難免會有自賣自誇之嫌。若能適度參照A、C、D學說，從中思考新的可能，那麼你的獨創性就能從一條細線，發展成粗壯的主幹。

「訓詁」這一門學問，是以解釋字句意義爲主的學問。通常艱深難懂的古籍都會有各種不同的注釋，也有集注本專門在蒐集這些注釋。

自古以來，訓詁學家會針對衆說紛紜的部分，採取最接近自己想法的注釋，將其視爲定論；要是自己沒有明確的主張，則選擇一個多數人都認同的解釋，至於其他的解釋，就視爲不正確的見解，全盤否定。這是一般人的做法。

然而，近來有人開始覺得，每一種說法的出現，都帶有各自的必然性，全盤否定並不恰當。相反的，應該站在涵蓋一切的高度來看待這些解釋，於是全新的訓詁學觀點於焉誕生。先前我提過的愛普生就是抱持這樣的觀點。莎士比亞的劇作《哈姆雷特》中有一句經典獨白：「To be, or not be.」這句話一直以來就有無數種詮釋。我們並不需要苦苦追究哪一種說法才正確，因爲涵蓋所有層面的詮釋，才是這句台詞的眞正意義。這就是新時代的訓詁學所思考的重點。

關於思考和發想也是如此。假設同樣的問題有A到D四種不同的看法，而你自己的新想法是X。如果只獨尊X而全盤否定其他看法，未免流於輕率。如果只肯定最接近X的B想法，又難免落人口實。最好的方法，還是融合A到D，以及X，再加以協調，取得折衷。

如此一來，最後你完成的就不是僞調酒，而是眞正的調酒論文。許多的優秀論文都屬於這種論文，既讓人醉心，也有客觀扎實的內容。

知識需要編輯力

我們經常看到有人將所寫的文章集結成書，
但卻很少有人懂得將既有的知識，
藉由編輯而變成全新的、有價值的事物。

許多小說家會將幾篇短篇作品集結起來，出版一本短篇小說集。除了小說，也經常有人將寫過的隨筆散文整理之後付梓出版。

艾略特是二十世紀英國知名的詩人評論家。曾經有人批評他「一生沒寫過半本書」。當然，冠上他名字出版的書其實非常多，而說他「沒寫過書」的原因是，他的書都是作品先發表後，再集結成冊，所以並沒有眞正寫過一本書，也就是沒有爲出版而寫的作品。

在日本，這樣的情況其實很常見，但在歐美卻是少有的。這或許可說明日本人是喜愛編輯的民族。

編輯這檔子事其實相當有趣。原本個別讀來並非都是優秀的文章，一經編纂整理之後，竟然變成令人耳目一新的作品。另一方面，有時閱讀單篇文章會讓人驚豔入迷，一旦它變成一本書的一部分，再重讀時，反而無法得到感動。

這讓我想到一句話：

「整體不等於部分的總和。」

每個獨立的表現，在成爲一個更大整體的一部分之後，其性質會改變，我們看它的角度也會改變。此外，改變前後順序，也會影響整體的感覺。有人認爲，既然構成的內容物相同，不管順序如何調換也不會有什麼差別，這樣的人是沒有資格編書的。

如果有好的編輯功夫，製造出整體效果會比單純部分的總和更有趣，也會比各部分的單獨表現更具可看性。這個祕密其實可以在古老的典籍中發現。

編輯的重要性不輸給創作

日本的《源氏物語》、歐洲的《十日談》《坎特伯里故事集》《天方夜譚》等，都是所謂的「框架故事」（Frame Story），也就是把若干短篇放在一連串的框架中，組成一個大長篇故事。

在這類作品中，不見得每一篇故事都是出自作者的創作。它可以是創作，也可以是引用流傳已久的民間故事。最重要的是，故事要好看，全靠作者巧妙的編排。作者的創作才能，在編輯功夫上顯露無疑。

即使每一個單獨的故事都精采無比，編排成書之後反而讓讀者覺得無趣的話，辛苦創作的長篇作品就算徒勞了。從這個角度來看，我們會發現框架故事的文學手法，其實與現今的雜誌編輯極爲類似。

編輯本身並不是創作者，雖然也有寫作能力，但是編輯的價值並不在於能不能寫，而是在於如何將他人的作品整編修潤得更完美，或是提案讓作家有個方向可以寫。編輯的創造性全然發揮在這個地方。

如果把作家寫的文章稱爲「一次性創作」，那麼編輯將文章修潤整合成嶄新且格局更大、更完整的作品，就稱爲「二次性創作」。再舉一例，各部樂器的合奏稱爲一次性創作，指揮家指揮交響樂團的演奏則是二次性創作。若再檢視職棒教練、服裝設計師、影視導演的角色，我們就會清楚了解到，二次性活動的重要性其實一點都不輸給一次性活動。

二次性活動的價値，在社會漸趨成熟完備的情況下，才會普遍獲得認同。如果眞是如此，那麼《源氏物語》或《十日談》的時代，就不是一句「古時候」能輕言帶過的了。

一次性創作是一種 creation（創造），而將此加工之後再賦予新價値就是 meta-creation（後設創造）。思考本身也有 creation 和 meta-creation 兩種層次。在前一章節所談到的調酒式論文就是透過 meta-creation 所得出的結果。以文學作品來說，就是《十日談》和《源氏物語》這類故事集。

活用創作力和編輯力

思考時靈光一閃的發想，屬於一次性創作。有一些發想本身已經很完整、很有意義，此時最好別再畫蛇添足，增加額外的想法來擾亂思緒。但是，如果有不少發想，單獨看來並不是那麼有力，若不進行任何整理或調整，充其量也只是腦中多了好幾個散亂的想法罷了。

相對的，就算不是出自自己的發想，而是因爲覺得有趣而開始蒐集的知識和想法，如果只是記在筆記本上卻不加以整理，那麼就算吸收了再多知識，也不過是知道很多事情而已。

此時，需要的就是「知識的編輯力」。換句話說，**爲了製造腦海中的調酒，不管自己有多少獨創性，都要懂得巧妙組合已經擁有的知識，懂得如何進行編排**。

我們經常會看到有人將所寫的文章集結成書，或是整編若干短篇小說，編輯成作品集，但是不可思議的是，很少有人懂得將既有的知識，藉由編輯而變成全新的、與過去完全不同的有價值事物。知識的編輯力，仍是一門尚未純熟的技術。

假設現在有ABCDE五個問題，每個問題都已經是公認的想法，如果沒有經過進一步的整合，那也就只是五個同時存在的問題。而如果要進行彙整，並不是單純把五個問題結合那麼簡單。

首先，順序就是個問題。按照ABCDE排列或許太無趣，改成EDCBA會變得有趣得多，而換成ECDAB，或許又會引發不同的看法。當我們能夠排出最好的順序時，就會產生最大的意義。

激盪出異想天開的火花

曾經有位詩人說過：「所謂詩，就是將最好的語詞，按照最適切的順序排列而成的產物。」因此，詩也是因語言的編輯力而產生。

某位知名詩人學者曾透露他的創作方法。當他想到什麼，或是有了創作的念頭，就把浮現腦海的片段一一寫在卡片上。等到卡片累積到一定的數量之後，他就像玩牌一樣，將卡片散放在地上，然後再依照自己覺得有趣的順序排列。

排列好了，再做調整。如果看起來覺得沒意思，就丟回地上重來一次。如此重複數次，直到排出滿意的順序為止。最後完成時，將卡片裝訂起來，或是用漿糊依序貼在白紙上。

這就是發想的編輯力。許多迷人而有趣的作品往往就是這樣誕生的。

雖然人們很少從這個角度來思考編輯這件事，但也不能因此就說人的腦子不會進行類似的活動。

一杯好喝的調酒，必須巧妙的組合各種素材，料理也是一樣。通常，同質性高的事物碰在一起，較難擦出新的火花，反而是那些看似彼此無法相容的異質想法，在互相結合之後，可激盪出異想天開的想法。

能夠不時產出驚人想法的人，通常就擁有旺盛的知識編輯力。

創作的催化劑

發想的有趣在於產生化合物，而非製造出新的元素，
而個性或主觀，就是促成各項素材產生化合作用的催化劑。

詩歌的創作一向被視為作家本身個性的表現，一直到二十世紀才有人對這個看法提出異議，那就是先前提到的詩人艾略特。

艾略特在〈傳統與個人才能〉中提到：詩人必須不斷服膺比自己更有價值的事物，不斷的自我犧牲、不斷消滅自己的個性，藝術才得以發展。所謂的藝術，就是一段去個性化的過程。

艾略特還提出一個有名的比喻。「創作詩，就好比在充滿氧與二氧化硫的空間裡，放入白金製的燈絲，所產生的化學變化。」雖然多年後有人指出這個化學知識並不正確，但姑且不論正確與否，艾略特所說的就是「催化作用」。

爲什麼會有這樣的比喻呢？艾略特認爲，白金作爲催化劑，在化學變化之前與之後，完全不會有所增減或變化，而這與詩人的「個性」所扮演的角色是相同的。

一般都認爲，詩人要將自己的情感化爲詩句，表現出個人獨特的個性，但艾略特卻認爲，個性不應展現在詩句上，反而必須去個性化才行。那麼，詩人的個性到底該扮演什麼樣的角色呢？於是艾略特援引了催化作用的看法。

個性是最好的媒介

在一個空間裡，倘若只有氧和二氧化硫，是不會起任何化學變化的。但是一旦加入白金之後，就會產生化學變化了。不過，最後生成的化合物中並沒有白金的成分在，白金在這當中完全是中立的，它只是促成了化合作用罷了。

詩人的個性就如同白金在化合作用中所扮演的角色。個性不會直接表現出來，而是扮演催化劑，讓其他東西發生化學變化，如此一來才是眞正的「個性化」。

這個見解爲傳統的藝術創作思維帶來很大的衝擊。艾略特的見解被稱爲「無個性說」（impersonal theory）而聞名遐邇。

雖然艾略特的見解在歐美世界屬於新創，但對於日本的文藝思潮來說，這其實並不稀奇。

日本詩歌的特色本來就是盡量避免赤裸的主觀表述，而是巧妙、精練的使用象徵和比喻的語言，來表現心理狀態。最明顯的例子就是俳句。

在俳句的世界裡，主觀的想法寄託於花鳥風月，以間接的方式表達。雖然要結合自然事物，需要俳人的主觀介入，但如果直接彰顯俳人主觀的想法，會降低作品的水準。要是主觀的想法積極的發揮作用，寫出的作品只會顯現淺薄的個性。

眞正絕妙俳句的誕生，是俳人的主觀想法突然被觸動，並且將一一浮現的各種素材與自然相結合。乍看之下毫無個性，但這樣的作品才能表現出深邃、具渲染力的個性。

這對先前談過的編輯力來說也同樣適用。如果編輯的角色，是作爲表現想法的作者與接受訊息的讀者之間的橋梁，那麼所謂的編輯力，並不是要發揮自己的個性及才能，創作出豐富的內容，反而是要扼殺自己的喜好，站在中立的立場，擔任促成作者與讀者之間化學反應的必要催化者。

所謂的二次性創作，就是催化劑式的創作。

俳句與編輯力的觀念有如此相近的關係，實在耐人尋味。而西方在二十世紀出現的無個性說，表達出近似的論點，也實在是很有趣。

放空力量大

對日常生活中的思考來說，催化劑的論點也非常值得參考。當我們在思考一件新事物時，千萬不要認定每一個環節都一定得靠自己的腦袋擠出東西來。從零開始、無中生有的想法其實是不常發生的，**大部分的點子或想法，都是從既存的事物中彼此激盪連結而產生的**。

如果有好的催化劑，不需要特別努力，相關的事物之間自然就會產生化合作用。有時候你會以爲人們是突然靈光一閃、靈感來了，但靈感的誕生不可能無中生有。在所謂的靈感來之前，各種知識、經驗和情感早已在腦中醞釀許久，此時只要再加入當事者的個性，就會促成知識與知識、情感與情感結合，因而產出新的知識、新的情感。

在這個時刻，人最好是處於**放空**的狀態。

從前有一位數學家，長期專心致力於解答某一個問題，但是無論如何都無法突破。有一次，他昏昏沉沉的打起瞌睡來，醒來之後，長期困擾著他的謎題突然一下子就解開了。這就是在意識薄弱時，腦中的各種想法開始彼此結合，進而產生新的發現。

當我們思考的時候，過度緊張並不好，讓心情時時處於焦躁狀態也是不智的。我們應該讓心情舒暢，讓心靈自由解放，如此一來才容易產生有趣的想法。這也就是我先前提到的，沒個性才是好的。

記得我之前介紹過思考的調酒法。一杯好的調酒，不是要展現酒保個人的風格及個性，事實上，應該避免炫耀自我，只要讓好的東西自己結合，如此才能調出一杯美酒。

運用調酒式思考的學者，當然會警惕自己，不要過於主觀。一旦太過主觀，個人的精神思想就無法當作催化劑，反而成爲參與化合作用的素材，這麼一來，學術研究就變成了一種創作。這是學術研究者必須避免的。

即使是創作，也有愈來愈多人肯定艾略特的無個性論。或許人們漸漸體會到，無論是創作還是知性的發現，都必須壓抑屬於個人的自我，才能得到好的成果。

發想跟化合物一樣有趣

近來「發想」這個詞語廣爲人使用。我們經常會說「這個發想很有趣」或「這個發想很無趣」。發想的根源是個性，但並非個性本身讓發想變得有趣或無趣，而是以個性爲媒介，讓知識或現象彼此結合，進而產生讓人覺得有趣或無趣的事物。發想的母體，其實是扮演催化劑的個性。

在發想的時候，就算素材是老生常談或陳腐不堪的事物也無所謂。個性會讓這些大量的素材之間發生意想不到的結合，產生化合作用，最後誕生新的思考。發想的妙處就在這裡。以往大家對於發想那麼重視，但奇怪的是，對於發想的母體——個性，及其作用，幾乎沒有人認眞看待。**發想的有趣在於產生化合物，而非製造出新的元素**。

先前我提過發酵法。或許你會覺得透過發酵法所得到的思考與發現，就像從無到產生酒精一般。但如果思考催化作用，其實你會發現，發酵法和調酒法大同小異，兩者都是透過新的結合而得到的結果。

把想法放在心中發酵，或是花上一段時間刻意將它遺忘，都是在抑制自己的主觀與個性，讓腦袋處於隨時可以產生化合作用的狀態。當我們在進行思考時，只要一放空就會出現好的想法，這絕非偶然。而我們也會了解，睡上一晚再思考，並非只是在拖延時間。

類比法是解答未知問題的良方

我們在日常生活中會用「比方說，就像……」來說明難以描述的事物。這種中學生都知道的類比法，是解開未知之謎最普遍的方法。

語言眞的很奇妙。

有時候我會想：語言分明是靜止的，但爲什麼讀文章時，語意之間卻有流動的感覺？還有，明明是各自獨立的字眼，爲什麼結合之後，我們卻能理解整段句子的意義？我不禁產生疑問。

能感覺到流動，是因爲眼睛移動瀏覽所致，這可以理解。但令人費解的是，爲什麼各自獨立的字眼能產生連續的意義？在我心中一直殘留著問號。

尤其像英文這類的語言，書寫時還必須留意字與字之間的間隔，感覺更是明顯。儘管如此，當這些語言進入腦中時，我們還是能理解一長串句子的意義。不知不覺間，字與字之間的間隔界線消失了。爲什麼會這樣呢？

有好一陣子，我把這個疑問放在心裡不去管它。有一天，我下了巴士走在郊外的路上，我還清楚記得四周是一片綠油油的麥田，此時風中傳來日本箏六段調的樂音，剎那間，對於一直以來的疑問，我想我找到線索了。

從不相干的地方得到領悟

這就是我先前曾提到的「啓發」，也就是「酵母」。

日本箏的每個音都非常分明、清脆，但如果從遠處聽箏曲，怎麼聽都是連續的、流暢的樂音。應該是前一個音被下一個音蓋住，因此音與音之間沒有間隔。於是我想到，或許語言也是同樣的道理？

由獨立字詞羅列的語言，爲什麼能讓人有連貫成句的感覺？這個疑問，我從清脆的箏音，聽來卻是連續流暢的樂音中得到了啓發。我將這兩件事記錄在筆記本後，又暫時擱了下來。

不知又過了多久，已不復記憶，我腦海中浮現了解決的線索。

我想起了「慣性定律」。

運動中的物體會持續保持運動的狀態。最明顯的就是運動中的物體在突然停止的時候，如乘坐的交通工具突然緊急煞車時，車上的乘客會一個一個往前傾。可見人體也受到慣性定律的影響。

慣性定律雖然屬於物理學，但是在生理學的世界也同樣可見。我們的眼睛在眼前的影像消失後，一小段時間內還是有看到影像的錯覺，也就是「後像作用」。

電影正是利用這種視覺慣性的產物。電影將一張張靜態的影片畫面連續放映，造成運動感。其實每格畫面與畫面之間有著完全沒有影像的空白地帶，但我們絲毫沒有在銀幕上察覺那空白的瞬間，原因就是前一張的影像殘留遮蓋住了空白。

在物理學及生理學領域，慣性定律都行得通，可以想像在心理層面上也可能發生類似的狀況。

仔細想來，確實有種現象可稱爲「心理上的後像」。假設A、B、C三件事彼此相關，但發生時點各自間隔了一段時間。起初，我們會覺得這是三件不同的事，但漸漸的，時間因素消失後，這三件事就會被聯想在一起，彷彿是接二連三發生似的。A的後像重疊到B，B的視覺殘留延長到C。於是原本獨立的三點，連成了一線。

而語言看似非連續的連續化，其實與利用視覺暫留的電影之間有最多相通之處。

語言中的每一個單字相當於電影膠捲中每一張靜止的畫面。字與字之間的空白，被前一個單字的後像所遮蓋、填補而被忽略了。這與播放影片時，影像不會變成一格一格靜止畫面，而是連續動作，是相同的道理。

一口氣讀，容易豁然開朗

還有一點要注意，不論是慣性，還是後像，都不會永遠持續，經過一段時間就會消失。另外，動作緩慢的物體，慣性作用不容易顯現。若以極慢的速度播放電影，畫面與畫面之間的空白就會顯現在銀幕上，一明一滅，連續動作的感覺也就瓦解了。

語言也是如此，我們能感覺得到語言流動，也是在一定的速度下閱讀所致。艱澀難懂的文章，或是抱著字典猛查的外語，若一字一字分開來讀，便難以理解完整的意義。因爲後像被消滅了，字與字之間的停頓、空白就顯露出來了。

因此，若遇到難懂的部分，很快的一口氣讀完，或許反而會突然豁然開朗。藉由後像作用，便能輕鬆將片段整合成完整的意義。

就這樣，文章中每個字詞各自獨立、卻又連貫……原來是因爲後像作用。我長久以來的疑問，終於獲得了解答。這種讓文章的非連續性產生連續意義的後像作用，我稱之爲「修辭的後像」，也就是在文章上產生如後像作用般的效果。

比一比，解開未知之謎

以上，我仔細闡述了「修辭的後像」想法誕生的整個過程，或許可以用來說明發想形成的過程。

在此，我們可以發現一個方法，那就是「類比」。將文章的非連續性產生連續意義之謎，試圖以電影的原理套用說明。

雖然兩者之間並沒有緊密的相似性，但要解開未知的問題，運用類比法是非常有效的方式。

「類比」聽起來似乎很難，但在數學上，它是連中學生都知道的一種解題法。假設今天有一個疑問，暫且稱之爲X，而主題是C。

C：X

只有這樣是解不開X的，因此要試圖找出可能與此同等關係的，如：

A：B

如果兩者的相互關係是相等的，那麼就可以寫成：

A：B＝C：X

接著要求出X值，即可運用國中教的比例式：

AX＝BC　∴X＝BC／A

就先前的例子而言，文章中分明是各自獨立的字詞，爲什麼我們卻能理解一整個長句的意義，感覺到意思的流動。這就是，

C：X

當我直覺認爲，由無數張靜止畫面所組成的電影，本質上也是相同的現象時，

A：B＝C：X

這個公式因此成立。而等號左邊是後像作用的產物，所以，

X＝BC／A

X指的便是文章上的後像作用。

我們總是在日常生活中不經意的使用著類比法。例如，當沒有好的說法或表達時，我們經常會用「比方說，就像……」的方式來說明，這就是類比法，是解開未知之謎最普遍的方法，也是好方法。

靈感常常來自偶然力

偶然力告訴我們：下意識的作用是極其重要的。

暫時停止討論問題，才能將問題放在一個容易發生偶然力的環境中。

二次戰後不久，美國投入大量人力積極開發反潛武器，首要之務便是製造能捕捉潛水艇噪聲的精密聲納探測器。

爲了製造出理想的探測器，美方進行了多方實驗，最後竟聽見了來自潛水艇以外的聲音，而且是極規律的聲響。這聲音到底是從哪來的？經過調查，才發現是海豚相互通訊時發出的叫聲。

在這之前，關於海豚「語言」方面的研究幾乎是零，而經由這次意外的發現，它一舉成爲備受矚目的研究課題。原本美方的目標是開發新式武器，想不到竟然導向完全不同的新發現。這樣的案例，自古在研究的路上屢見不鮮。

有科學家將這類意外得來的發現或發明稱爲「serendipity」（偶然力）。在美國，這個單字也經常出現在日常會話中。不過，撇開自然科學領域不談，我想多數的知識分子應該很少聽過這個單字，這或許也說明了大家普遍對創造性思考不感興趣。

原本是研究如何捕捉遠在千里的潛水艇噪音，到最後聽到的是海豚相互通訊發出的叫聲，這不是什麼特別好的例子，也不值得大書特書，只是用來舉例說明偶然力。在發現、發明的世界裡，有無數的靈感都是來自於偶然力。

好事偶爾會不求自來

關於「serendipity」這個單字的起源，說來有些特別。

在十八世紀的英國流傳著一則〈錫蘭三王子〉的童話。這三位王子經常遺失東西，並且經常在找東西。然而，往往想找的東西找不著，找到的卻都是意想不到的物品。

英國作家，同時也是政治家沃波爾（Horace Walpole）根據這則故事創造了一個新單字「serendipity」。

故事的當時，錫蘭（現今的斯里蘭卡）被稱爲 serendib 或 serendip。而「serendipity」原指具有錫蘭王子的能力之意，日後則引申爲研究成果非原本目的，而是無心插柳而來。

偶然力的現象在日常生活中偶爾也會發生。

比方說，突然想起一封該回的信，書桌上卻一團亂，怎麼找也找不著那封信在哪兒，於是四處東翻西挖……這時，前幾天找了好久都沒下落，甚至還以爲遺失了的鋼筆，突然出現在眼前。先前分明仔細找過了，但怎麼樣也找不到，卻在不經意的時刻又跳了出來，這也是一種偶然力。

另外，我們也經常遇到偏心理層面的偶然力。

例如學生在考試的前一天晚上坐在書桌前，想著該好好念書，準備明天的考試。這時，突然看到一本與考試無關的書，隨手翻開讀了起來，讀著讀著沒想到是這麼有趣。明明是不經意翻開的書，當然毫無沉溺其中的念頭，卻怎麼也停不下來，就這麼一直讀下去。

而那本書可能是平常看也不看的艱澀哲學書，想來實在不可思議。原本只是一個小小的念頭，翻了一下，卻掉進書中的世界，讀了二十分鐘、三十分鐘之久，最後嚴重擾亂了晚上臨時抱佛腳的計畫。我想，絕大部分的學生應該都有這類的經驗吧！

因爲這樣的突發狀況，才得以拓展新的興趣，這正是偶然力在發揮作用。

與其關注核心，不如從周邊切入

類比思考法與偶然力也不是沒有關係。

當我思考著爲什麼非連續的語言卻能產生連續意義時，又注意到了地球上的事物都受到慣性定律的影響，因而獲得解答，這也是另一種形式的偶然力。

所謂比喩、類比，就是暫時將欲解開的問題放在心裡，然後從完全不同的事物中去尋求、發現相關現象，再類推到問題本身。

偶然力的現象讓我想到，與其關注核心問題，不如從周邊著手，反而容易切入。好比視野的中央部分照理說應該看得最清楚，然而諷刺的是，我們卻往往看不見。從別的角度來說，正是先前我曾援引過的那句話——心急水不沸。

有想法、有主題，但一味絞盡腦汁思考並非良策。我曾說過，暫時擱下、沉澱是必要的。這正是深知「不斷正視問題只會妨礙思考的自由」的人所體認到的智慧。

視野的中央部分我們看不見，而模糊的四周反而吸引人的目光。於是，在核心問題尚未解決之前，周邊意想不到的問題就朝我們飛了過來。

前面章節提到先讓問題沉睡，也就是暫時停止討論難解的核心問題，冷靜下來，將目光轉移至周邊其他部分。這麼一來，才能將核心問題放在一個容易發生偶然力的環境中得到解答。人很難憑著意志力戰勝一切，下意識的作用是極其重要的，偶然力告訴了我們這一點。

為什麼課堂上的笑話最難忘？

有一天，以前的學生來找我，告訴我當年我在課堂講的一些題外話實在很有趣。聽了這番話，身爲老師的我感到五味雜陳，難道正課他們都沒聽進去嗎？如果只有題外話有趣，傳出去也不好吧！於是我問到底是上了哪堂課？結果學生連什麼課、用什麼教材都無法確定，竟然還清楚記得我講的題外話。

學生本來就對正規的教學不感興趣。隨著年紀增長，忘記上過什麼課也很正常，只是，該不會課堂上教的學問打從一開始就沒裝進他們的腦袋吧！與此相比，題外話沒有負擔，本來就是附帶的周邊話題，學生對此印象深刻到難以忘記，可說是教育上的偶然力所致，老師也不需要爲此感到慚愧。

對老師而言，在說題外話的同時，有時會突然浮現過去未曾思考過的問題，接著連忙中止話題，在筆記本的角落寫下想到的事。雖然並非每次都是如此，但說題外話有時確實會帶來偶然力。所以老師也不需要刻意避免在課堂上說些題外話。在輕鬆的話題中，我們能學習到更多，也能帶給周圍的人更多刺激。

第3章

思考如何去蕪存菁？

提升知識的層次

整理思考和知識，除了「量」的處理，還必須讓想法產生「質」的變化。此時，可運用發酵、混合、類比等方法來完成。

在我們身邊所有的事物和現象，都分爲自然與人爲兩種。例如山岳、河川是沒有人爲加工的自然景物；而在山上植林種樹、在河岸邊施行護岸工程，就屬於人爲。不過，山岳與河川本身依舊屬於自然景物。

如果有一幅山水畫，畫下山岳與河川的景色，無論畫得多傳神逼眞，依舊是人爲的產物。爲了喚醒對美的感受所進行的活動，就稱爲art。不過，art不只是藝術，大體上我們也能把所有人爲加工的事物稱爲art。

語言是人類創造的事物，因此，描述自然景色的話語，當然也是人爲的產物。而直接呈現自然的，就屬於第一次資訊。

「〇〇山南面的斜坡是沙坡」，這句話屬於第一次資訊。相對於第一次資訊，如果說「這地區的山屬於△△火山帶」，就是第二次資訊。根據第一次資訊進行更高一層的抽象性描述，就是「後設」資訊。如果更進一步以第二次資訊為基礎，展開更抽象的描述，即第三次資訊，也就是「後設．後設」資訊。

人為的資訊可以不斷抽象化，往更高的層次昇華。

歸納整理，從客觀進入主觀

關於思考和知識也有類似的「後設」過程。

最具體、最客觀的思考和知識是第一次知識。集結、整理同類的思考和知識，並且連結這些事物之間的關係，就形成第二次思考和知識。若再以第二次思考和知識為基礎，更進一步集結類似的事物、昇華，又會產生第三次資訊。

第一次資訊的代表性產物是新聞。新聞主要是傳遞事件或事實，並不明說該事件或事實有什麼意義。第一手的新聞報導，只具有第一次資訊的特色而已。

報紙上的社會版主要都是第一次資訊。這類報導沒有清楚指出這些事件的具體意義，不過，傳遞的訊息很清楚，很容易明白。

一樣是報紙上的報導，社論就是以許多第一次資訊爲基礎加以整理而成，所以屬於「後設」新聞，亦即第二次資訊。許多喜歡讀社會版的人不讀社論。社論的讀者很少，它之所以不討人喜歡，是因爲其他新聞報導多半是第一次資訊，而社論是「後設」資訊，需要不同的解讀方法才能讀懂。

要把第一次資訊轉變爲第二次資訊，可利用摘要等方法，省略細節，整理要點。與其說是昇華，或許應該說是凝縮。總之，在資訊上進行人爲加工，所得到的成品就是第二次資訊。

「評論」這個詞來自於review，如文字所示，就是再看一次的意思，花時間重新思考第一次資訊。相對於報紙上的新聞，雜誌上的評論就是重新思考的工作。許多月刊、雜誌的名稱都會使用review、評論這個字詞。

大學圖書館裡館藏的一本英文雜誌《*Chemical Abstracts*》經常成爲大家

討論的話題。這本雜誌蒐集了各種與化學相關的研究資訊，是專家必讀的文獻。雜誌名稱中的「abstracts」這個字，顯示該雜誌的內容是第二次資訊。它並不是介紹每個研究的詳細內容，而是以概念的方式整理研究文獻。整理、歸納資訊，就是abstracts。

一般來說，每份論文最後都會加上一段摘要，這段摘要也是第二次資訊，屬於abstracts的一種。

所謂的論文，不能是第一次資訊，即使是第二次資訊，精粹度仍嫌不足。論文的品質必須提升到第三次資訊。寫論文要求高度的抽象性，而閱讀和理解論文也必須經過專門的訓練。

沿著抽象的階梯往上爬

我們在思考事情時也是從第一次資訊開始，逐漸抽象化。一個一個片段的想法可說是第一次資訊，如果就這樣放著不管，想法本身並不具太大的意義。

但是若結合其他的想法，整理歸納之後，就會成爲第二次資訊。

此時，可運用發酵、混合，以及類比等方法來完成，這些前面已經提過。**所謂思考的整理，其實就是沿著抽象的階梯往上爬，把低層次的思考，化爲後設思考**。如果第一次思考一直停留在原有的層次，將永遠只是一個想法。

透過整理、抽象化，提高思考的層次，這樣的思考就會有深度，也會更具普遍性。

通用語意學曾經呼籲：「離開抽象的梯子！」從抽象的梯子下來，將第二次、第三次資訊還原爲第一次資訊，是導止滿是誤解的溝通最有效的方法。不過，事實上這樣的做法與文化的發展方向相違背。人類智慧的發展與資訊的後設化是同時並行的，如果害怕登上抽象的梯子，社會就不可能發達。

提到思考和知識的整理，一般人總認爲就是「量」的處理，亦即留下重要部分，丟棄不重要的部分。當然這也是必要的工作，但是，這種做法就好比堆積太多舊報紙、舊雜誌，覺得占空間，於是除了留下可用的之外，其他全都處分掉，屬於物理性的處理。

思考的整理，質比量更重要

然而，眞正的整理並非如此。眞正的整理是讓第一次思考產生「質」的變化，並且提升到更高的抽象層次。不管你有多少知識、思考或想法，如果只是維持原狀而不加以整理，將永遠無法昇華到第二次思考的層次。量是永遠無法取代質的。

從第一次到第二次、第二次到第三次，整理思考相當耗費時間。等待它沉澱、發酵、產生化學變化，這時化合出來的產物，相對於先前的思考，就是後設思考。

登上抽象的階梯，就是哲學化。自古以來，日本民族留下許多歷史紀錄，遺憾的是，這當中卻遍尋不著歷史觀。歷史觀是將歷史紀錄統合成歷史論和歷史學不可或缺的要素。這顯示古人雖然擁有大量的第一次歷史資料，卻沒有試著進行後設整理，將這些資料化爲第二次、第三次資料。

思考與發想也是如此。小小的發想不乏具體的知識，然而，卻鮮少有人做進一步的整理、統合、抽象化，將這些發想提升至更高的思考體系。

思考的整理並非平面的量化歸納，而是立體的質化整合。本書會特別詳細討論想法的發酵過程，就是這個緣故。

而這也可說是思考純粹化的過程。

資訊蒐集，要當機立斷

一旦蒐集的資料過多，整體的利用價值就會降低。
所以每隔一段時間，一定要謹慎的整理一番，絕對不要堆積無用的垃圾。

讀到一篇感興趣的資料，心裡想著「待會記得留下來」，眼睛卻被其他報導所吸引。然而，這個「待會」很奇怪，之後就不再出現了。

其實腦子還清楚記得這回事，只是因為有太多事情要忙，經常過了兩、三天後才又突然想起：對了，那篇報導要保存下來！於是翻出資料找了起來……翻看許久，但就是找不到，內心開始發慌，也更讓人覺得那篇報導極為重要，得設法找到才行。

那些讀來興味盎然的資料，進入腦袋後似乎會自行產生變化，明明讀過的標題，如今卻怎麼也找不到。最後總算找到了，但一讀內容，怎麼跟腦袋裡的印象不太一樣？

馬上整理，分類歸檔

不過，能找到還算幸運，要是三、四天前的報導，經常就找不到了。要在堆積如山的報紙中尋找一篇報導，需要極大的耐心，一旦焦慮或心急，肯定找不到。

只要看到重要的資料，就要馬上處理，分類保存。

不用說，整理資料時一定要標上資料來源的名稱、時間等。要是漏寫了這些訊息，辛苦蒐集來的資訊，將來價值可能會減半。而且必須仔細記錄，若因覺得繁瑣而只記個概略，就算當時記得清清楚楚，但過了五年、十年，還是會慢慢淡忘。所以，務必養成確實記錄的習慣。根據不同主題，將資料分門別類收納，完全不麻煩。將來需要查閱，相關的資料一次提取，如此就更能提高資料的利用價值了。

有些資料同時橫跨A、B兩主題，若勉強歸類到某主題，往後可能會在另一主題上耗費時間找資料。橫跨兩個主題以上的資料，建議多備份，各自放入相關主題的檔案裡，這樣便能不遺漏。

資訊累積到位，就可以收割

懂得善用資訊的好學之士，會在資訊累積到一定時日或數量時，進行歸納整理。由於是經年累月才蒐集到的資料，所以能從中獲得較具深度的知識，這是囫圇吞棗下的知識所比不上的。

然而，如果是書本，我們可以一邊閱讀一邊在重要地方做上記號，等讀完全書時再影印。而這也是蒐集資料的手法之一。

具有學術價值的雜誌最好也能完整保存。這時，一樣可採取影印的方式進行蒐集。

以前我編輯的雜誌出版後，會將雜誌連同校對好的原稿一起寄還給作者。

作者們對此做法非常稱道，畢竟從前影印機沒有像現在這麼普及，而這麼一來，他們就不需要破壞雜誌，同時又能保存自己寫的文章。

此外，爲了將來能方便利用書中重要的部分，除了影印保存外，也可以在書名頁的空白處寫下覺得有意思的摘要，並且標上頁碼，這樣將來要搜尋時也就方便多了。

書籍本身雖然不好剪剪貼貼，不過，可以將出處、內容摘要記錄下來，這樣就有備忘的功能。

隨著時間過去，有些資料可能會失去參考價值，因此並不是所有的資料都一定要留存。一旦蒐集的資料過多，整體的利用價值就會降低。所以每隔一段時間，一定要謹慎的整理一番。換句話說，絕對不要堆積無用的垃圾。

就好比人體，如果不減掉贅肉，行動就會變得愈來愈遲緩。

知識蒐集的訣竅

蒐集知識時，系統性非常重要，
否則只會堆出一座雜亂而片斷的知識山來，甚至使腦袋變得更混亂。

想查詢或了解某件事時，必須先蒐集相關知識。

現在大部分的事都能在百科辭典中找到說明，可利用它來掌握大致上的概念。然而，當我們不需要太詳細的資訊，或是有急需的時候，百科辭典反而讓人一時難以吸收。所以想快速獲得知識，同樣是查百科辭典，最好選擇精簡的版本。

相反的，想深入調查的時候，百科辭典也只是個入口。許多百科辭典會在條目的最後附上參考文獻，我們可利用那些書籍來蒐集知識。

先問自己：為什麼要蒐集？

蒐集知識時，系統性非常重要。如果每件有趣的事都想去碰，最後只會堆出一座雜亂而片斷的知識山來，有時候甚至會使腦袋變得比調查前更混亂。

調查前，要先釐清調查的對象和目的，再來蒐集資訊。如果性急的拿起書就啃，好不容易得到的知識也派不上用場。

想調查一件事的時候，人似乎都會變得貪心，覺得大能兼小，什麼都想吞下去變成自己的。但是這麼做，會使蒐集來的知識利用價值大爲減低。重要的是**劃清目標範圍，不要爲多餘的事分心**。當然，一開始很難做到這一點。

換句話說，在著手調查之前，必須先花時間深思熟慮一番。如果沒有充分的準備，就漫無目的的讀起書來，可能讀到一半就不得不停下來，重新擬定計畫。

蒐集資訊可利用卡片和筆記本，這兩種方法廣爲人知，卻鮮少有人知道實際執行起來是相當不容易的。

別把卡片變成黑夜中的蝙蝠

首先是卡片法。市面上有販售各種用途的卡片，購買這些現成的卡片也是一個方法。要提醒大家的是，就算看到有不錯的，也別一口氣買太多，因爲要是後來想更換卡片就不好玩了。不買市售的卡片，自行設計、製作便於使用的卡片也很有趣。

自製卡片也有許多方法，從委託印刷廠到自行裁切廢紙都算。不管用什麼方法，重要的是不要太拘泥於「物品」本身。過度講究卡片形式，往往反而無法善加利用。

說是卡片，其實紙片也是可以的。不過，若紙片的大小不一，使用起來會很不方便，所以必須統一尺寸。

準備好卡片之後，就可以開始閱讀選好的書。若看到重要的地方，就抄到卡片上。抄寫的方法有很多，比方說，抄下重要的句子，但有時文章太長，抄寫會耗費許多時間，因此遇到長段落時，只抄寫要點就好。

一邊讀書一邊抄寫筆記或卡片，進度會變得稍慢，特別是剛開始讀的時候，每一段、每一句都想抄進卡片裡。腦袋裡相關的知識愈少，想抄下來的部分就愈多。卡片抄得多，是顯示了自己的無知，這可不是值得炫耀的事。

每張卡片一定得註明以下兩點。第一是**出處**。卡片上如果沒有明記是抄錄自哪本書的第幾頁，就形同廢紙。從同一本書上抄下幾十張、幾百張卡片時，可能會覺得哪有閒工夫一一記下出處。但是沒有標明出處，卡片就成了斷線的風箏。只是略記也無妨，只要確定事後能清楚了解是出自哪裡即可。

第二是在開頭寫下**標題**。要想出簡潔、能明確表達內容的標題，有時會教人煞費苦心。但如果一時著急，就隨便訂個標題，將來無法善加利用，也是浪費。所以下標題很重要，必須特別注意。這部分熟能生巧，如果無法凝縮出一個標題，同時記下A和B兩種方案的標題也無妨。不管怎麼樣，沒有標題的卡片，就像黑夜中的蝙蝠。

卡片法的缺點是難以保管和整理。花時間製作的卡片可能稍一不愼就弄丟了，因爲是零散的卡片，掉了一時也難以察覺。另一方面，卡片能隨時調換順序，則是它的優點。

卡片一多，就需要一個整理箱，以項目分類，往後便能迅速找到、參閱需要的資料。

讀的時候先不要抄筆記

接下來，是做筆記的方法。筆記的歷史比卡片更悠久。有一種讀書筆記，沒有訂立主題，只是把有趣的部分、將來或許派得上用場的部分都抄錄下來。另外也有寫論文用的參考筆記，只抄寫與論文主題相關的內容。

和卡片法相同，做筆記時也要留心不要抄寫過量，否則只是爲筆記量的增加而空歡喜罷了。如果連細節都抄下來，碰到重要的知識不能遺漏，接著又碰到更重要的知識，這也不能放過……照這樣下去，搞不好到最後會抄下整本書。

爲了避免這種情況發生，讀的時候先不要記筆記，先讀個兩頁，再回頭抄下重點。或者先讀完一章或一節，讀到一個段落後，再回頭抄筆記，這樣就能避免抄下整本書的愚行了。只是這麼一來，有可能會漏掉細節的部分。

除了借來的書之外，如果是自己的書，便能一邊讀一邊用鉛筆做記號。或是準備紅、藍、黃色的螢光筆，在與自己想法一致的地方畫藍線，相反的部分畫紅線，提供新知識的部分畫黃線，這樣一眼便能看出文章內容屬於什麼類型，非常方便。不過這個方法只能用在自己的書，而且下定決心要犧牲它作爲一本書的價值時才能實行。

在圖書館借來的書上畫線、寫字，會對之後的借閱者造成極大的不便，千萬不可以這麼做。這點紀律都沒有的人，眞的毫無公德心可言。

記筆記和卡片一樣，都不可欠缺標題。不過筆記的順序一旦寫下就固定了，沒辦法改變。因此，要提高筆記的利用價值，可以整理標題，做成索引。如此一來，每個項目之間的關係便能一覽無遺。

積讀法——集中閱讀的驚人效果

如果不多相信腦袋一些，腦袋就太可憐了。
積讀法就是透過集中閱讀、集中記憶，
讓人在短期間變成對某個主題博學強記。

調查資料時，一邊閱讀，一邊做成卡片、筆記，是最正統的做法。可是並非所有人都會這麼做，而且也不是非得這麼做才能整理知識。

如同前述，不管是卡片或筆記，都必須用手寫，很花時間，而且寫下來的內容，也未必全都能派上用場。有時候是事情過後才發揮作用，但這只是偶然，無法掛保證。一個不注意，甚至還會忘了有這樣一份筆記。

無論是卡片或筆記，寫起來都大費周章，而且後續維護也不容易，如果沒有善加管理，最後只會變成堆積如山的無用資料。

人各有所長，別人的方法再好，也不一定適合自己。

不抄卡片，也不做筆記，要蒐集、整理知識寫成論文時，以下這種不管成敗姑且一試的特殊讀書法也很常用。

蒐集所有資料，一口氣讀

首先，蒐集與主題相關的參考文獻。在蒐集到所能得到的全部書目之前，先不急著讀。等資料都蒐集得差不多了，就把它們堆在書桌旁。

接著，一本一本讀起。如果不專心一意，可是會讀不完的。可以寫一點備忘，但是不做筆記，也不抄卡片。

擔心這樣會忘記內容的人，就屬於卡片派、筆記派。有這種傾向的人，千萬不要學這種橫衝直撞式的方法，因為就算嘗試，也不會順利。

要把一切記在腦中，當然會忘記，可是不會像做筆記或抄卡片的時候那樣，忘得一乾二淨，這很不可思議。

看樣子，**記錄下來的心安會促進遺忘**。以前有位大學者教訓拜訪他的同鄉晚輩說，把教授說的一字一句都抄成筆記，是愚蠢的做法。現在的大學生很多已經不做筆記了，但說到二次大戰前的大學課堂，把教授的每字每句都抄成筆記是很普遍的做法，而教授也會爲了方便學生做筆記，放慢說話的速度。

那位大學者似乎在當時就發現了這個現象：全部抄成筆記，反而完全記不住。除了重要的數字以外，只記下極少的要點，反而更能留下印象。

不抄筆記的好處

寫字時會專注在寫字上，容易疏忽了內容。話說，以前來聽我演講的女士們都會低著頭、在光線不充足的環境下振筆疾書，她們也是被筆記派的想法給支配了吧！這類的筆記事後絕對不會重讀，然而卻爲了寫字，忽略了演講的內容，結果落得兩頭空。聽演講的時候做筆記，不是個聰明的做法。

不過曾幾何時，最近已經很少看到女性聽衆在做筆記了，但仍然有一些傳統的筆記派，看到有聽眾熱心做著筆記，還是會覺得很高興。

其實專心聆聽，反而比較記得住內容。

另一點是，**興趣會發揮作用**。即使不抄筆記，對於感興趣的事也不會那麼容易忘記。會忘記，就是沒興趣的最佳證明。如果求知欲旺盛，只要把它寫進腦袋裡的筆記本，便難以忘卻。如果不多相信腦袋一些，腦袋就太可憐了——姑且一試派是這麼想的。

假設有十本相關文獻，一本一本讀下去，到了第三本左右，就會出現重複的部分，這麼一來，便能推測這是常識或定論。如果出現和前面的書相反的想法或知識，就能了解這是眾說紛紜的部分。

第一本書會花掉最多時間，所以最好從正統的書籍開始讀起。大量閱讀同一個主題的書，愈到後面，不必詳讀就能理解的部分也會愈多。即使第一本書花了三天才讀完，讀完十本也不會花上三十天。一口氣全部讀完，反而很有效率。

趁熱度還在，盡快整理

讀完之後，必須盡快整理成文章。因爲等到熱度一過，便會迅速遺忘。就算眞正重要的部分沒有忘記，細節也不可能記得一清二楚。

腦中充塞著許多知識時，要有效的整理是出乎意料的困難。實在是因爲有太多難以整理的知識與見解，可是由於沒做筆記，也沒有寫卡片，就必須在腦袋的筆記被後來的記憶覆蓋過之前整理完畢才行。

像這樣累積許多書，再一口氣讀完的方法，我命名爲「積讀法」。這個方法效果非凡，我可以想像，過去應該有不少人是使用這樣的方法。

在自己的腦中做筆記、寫卡片，再視需要將內容抽取出來，這需要良好的記憶力，而過去的學者大多都博學強記，因此並非不可能的事。

在書籍量不多，幾乎沒有參考文獻、辭典的時代，想獲得知識，只能仰賴記憶。後來隨著典籍變多、要回想已經忘掉的事情方法變多，我們的腦袋也變得健忘了。現在稱得上博學強記的人難得一見，即使被人這麼說，也沒有過去那麼光榮。

可是暫時性的博學強記，對於整理知識非常有用。積讀法就是透過集中閱讀、集中記憶，讓人在短期間變成對某個主題博學強記。

只是，如果不立刻記錄下來，強記的內容還是會消失。等到完成論文或書稿以後，再放心的遺忘吧！如果一直執著於同一件事情，會妨礙到往後的知識學習或積讀。不過，有些事不論再怎麼努力忘記，還是會永遠留在記憶中。因爲這些知識與個人內心深處的興趣和關注事物有關。儘管覺得能就此忘掉，但終究無法遺忘的知識，會塑造出每個人的**知識性格**。積讀派裡有許多作風鮮明的知識分子，這應該不是偶然。

積讀法乍看之下似乎是懶人的用功法，但是它不僅傳統，也相當現代。我們在非刻意的情況下所習得的知識，大多是這種積讀法的變形。

存放靈感的好地方

要讓靈感沉澱，最好不要放在腦子裡，而是放在紙上。
在隨手可及的地方擺上記事本，一想到好點子就立刻寫下來。

當靈感浮現，必須放著讓它沉澱。雖然也能暫時堆放在腦袋的角落，可是弄個不好，可能就這樣隨著垃圾資訊一同消失無蹤。這麼一來，難得想到的點子也就浪費掉了。但是如果不忘記，又會忍不住想去碰碰它，結果也沒辦法進行沉澱發酵。此時，就需要一點功夫了。

如果不能放心擱著，靈感就無法熟成發酵，要是暫時忘掉，又擔心忘得一乾二淨。**要忘掉它，但又不能眞的忘掉**，究竟該怎麼做才好呢？問題來了，這比要一直記住還困難。

把它記錄下來——這就是解決之道。

寫下來，所以可以忘掉

只要想到已經寫下來了就能放心，這麼一來，便能暫時將靈感驅離腦外。之後只要再看到紀錄，隨時都能回想起來。**要讓靈感沉澱，最好不要放在腦子裡，而是放在紙上。**

還有另一種情況也必須記錄下來，不是爲了沉澱，而是爲了捕捉當下的事。靈光一閃的點子總是稍縱即逝，而點子一旦消失，不管再怎麼努力回想，都不再浮現了。

一想到什麼，就當場記錄下來。即便當時不以爲意，往後也可能發展成驚人的想法。如果沒有記錄下來，讓難得的妙點子永遠埋沒在黑暗中，那就太可惜了。而且點子不是只有坐在書桌前才會出現。

前面我曾經提到三上——馬上、枕上、廁上。

馬上，以現代來說，就是在通勤電車裡，枕上是在床上，廁上是廁所裡。

這些地方看起來似乎不會出現什麼好點子，可是偏偏待在這些地方的時候，就是會浮現一些與反覆思索的事情相關的好點子。

假如在上廁所時想到了好點子，卻也無計可施，心想上完廁所後再記下來吧。想著想著，這個念頭或許就隨著馬桶水一起被沖走了吧！

靈感產量最高的地方

如果不養成當場記下來的習慣，很容易讓點子溜走。不管是在馬上（車中），還是枕上（床上）、廁上（廁所裡），都要在隨手可及的地方擺上記事本，一想到好點子就立刻寫下來。

如果是枕邊，可以擺上一大張紙和鉛筆後入睡，半夜醒來，若是忽然浮現靈感，即使不開燈，也能摸索著寫在紙上。早上起來一看，那字跡肯定凌亂得不像話，甚至字與字還疊在一塊，可是只要辨認得出來，就足夠作爲線索了。

高斯或亥姆霍茲等人，每天醒來時必定有源源不絕的靈感等著他們，可是若等到完全清醒後再慢慢寫，恐怕大部分的點子早就煙消霧散了。如果枕邊有

圖1 利用隨身記事本記錄靈感

紙筆，愛怎麼寫就怎麼寫。這樣的早晨，想必也很難讓雀躍的心情沉靜下來吧！

最簡便的方法，就是隨身攜帶記事本。普通的日誌本即可，所有欄位全都用來記錄想法、靈感，日期和格線全忽略不管。爲了節省空間，以小字簡潔扼要的記錄要點。寫完一個項目後，就畫一條線做區分，這樣一頁就能寫下不少點子。在開頭的地方寫下編號，往後參照起來會方便許多，如果順便寫下日期，就能清楚知道是什麼時候想到的點子，如圖1。

在欄外寫下標題，以便事後查詢。

起初會覺得麻煩，但是習慣以後，就會反射性的拿出記事本來寫了。

點子會在記事本中小憩、沉澱。經過一段時間，再回頭看，或許當時認爲是稀世珍寶的想法，如今看來卻有如朝陽下的螢火，黯然失色。

換句話說，它在沉澱熟成的過程中氣絕了，果眞如此，便能毫不惋惜的捨棄。在熟成期間沒有成長的點子，就表示它與自己無緣。

讓靈感沉睡的筆記本

重新回顧時，仍覺得相當有意思的點子，那就有希望了。不要就這麼擱著，將它移到適當的地方，讓它睡得更安穩。

另外準備一本筆記本，將記事本中沉澱過、而仍有希望的點子移植過來。這本筆記本就不要太廉價、太隨便，我所使用的是英文日記本，裡頭只印有格線、日期，以及欄外的英文諺語，這些也都忽略不管，**把筆記本當作想法的保存地**。

請參考圖2。首先，在A部分寫下標題，提示是關於什麼的點子。接著將

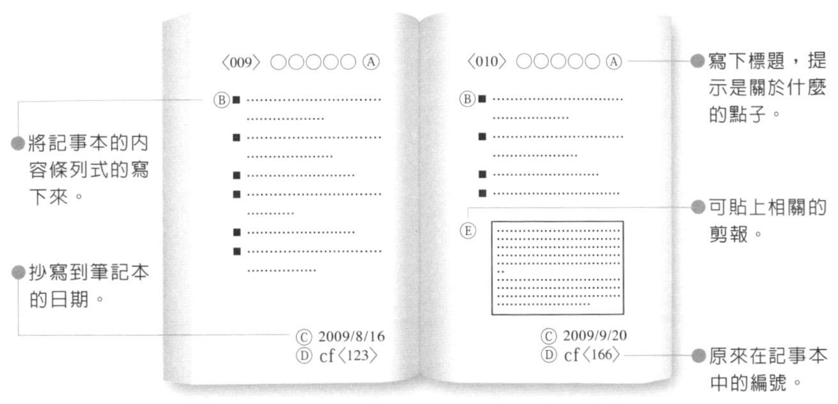

圖 2　利用筆記本保存想法

寫在記事本中的內容條列式的寫下來，即B部分。原本在記事本上可能只有三項左右的要點，整理時變成五、六項，這正是想法在沉睡熟成的過程中成長的證據。

C是抄寫到筆記本的日期，D是原來在記事本中的編號，E則可貼上相關的資料。

像這樣製作筆記，將記事本中沒有腐爛、死亡的點子移植過來，繼續讓它沉澱、發酵，最後萌生想法了，將相關的資訊整理歸納，有機會就寫成文章。

假設接到他人的邀稿，而且主題不限，此時就可以拿出筆記本，隨意瀏覽標題，覺得有趣的，就再仔細閱讀其中的內容。若覺得能寫出關於這個主題的文章，就以它爲題材。

經過長時間的沉澱，當時的靈光一閃，已不是馬上就會腐朽的短命點子，這點子已經經過一次篩選，通過了自己腦中的關卡，表示它通過別人腦中關卡的可能性也相當大。

已經寫成文章、發表過的想法，就在該頁上方的角落畫兩條紅線；而作爲演講題材的，則在同一地方畫一條紅線。接著在該頁的下方角落，同樣以紅筆記錄發表的媒體與日期。如此一來，這個點子的一生就結束了。

靈感移植法

浮現腦中的想法也有能否適應環境的問題。
不管是沉澱或移植，只要土壤、環境改變，就有可能看到全新的面貌。

依照前一章介紹的方法製作筆記。

這時候會發現，有些想法早就不合時宜，有些經過時間的洗禮，反而變得愈來愈有趣。

這些全部攪和在一起並不好，應該把有希望的想法、點子移到別的地方。記事本裡的每個想法都有它的因果、脈絡，一個主題在發酵的過程中自然會受到這些背景的影響，使得發展受限。

人在一定的環境背景下也會自我定位，確立自己在人際關係中的角色。假如自己隸屬於某個團體，在不知不覺中，就會以該團體一員的身分行動，久而久之，就被限制住了。

例如有個學生在A學校就讀時，學業成績普通，當他轉學到B學校時，彷彿整個人脫胎換骨般，成績一下子突飛猛進。當然，也有學生正好相反。有趣的是，似乎只要改變背景環境，就會冒出新的可能。

替想法換個新環境

在醫學上有一種療養方式稱爲「水土療法」。許多案例顯示，將病人轉到另一個氣候水土完全不同的地方療養，可以讓病情好轉。或許我們會認爲，到哪裡不都一樣嗎？但事實上，只要土地、空氣等背景環境改變，我們的身體也會產生明顯的變化，發揮出與服藥截然不同的效果。

同樣的，有些植物若一直放在苗床上，會發育不良、長得不好。稻子就是一個好例子。只要將稻子的秧苗移植到田地上，就會急速成長。先人從經驗得知，若直接播種到田裡，稻子不會順利成長，因此才發展出需要費兩次工的種稻作業。

有些多年生的植物，原本長得不好，經移植後，卻急速長成令人認不出原來的樣子。植物也會受背景環境影響，若是能「適應」該環境，就會長得快、長得好，若無法適應，發育就不理想。

園藝家深諳此理，他們知道怎樣的地方該種怎樣的植物，而不明此理的外行人種什麼都會失敗。

浮現腦中的想法也有能否適應環境的問題，有時改變環境，就能期待新的生命展開。先前提到，要讓想法有沉澱、熟成的時間，這段期間，原本的環境勢必也會轉變，雖然不是移植，但是只要所在地方的土壤、環境改變，就有可能看到全新的面貌。

激盪火花的超筆記本

從記事本抄寫到筆記本，正是移植的行爲。表面上看起來只是照抄，但事實上絕非如此，多少還是與原本的內容不同。重要的是，脫離了原本的因果、脈絡，重新排列前後關係，便是在創造新的環境。

環境一改變，意義多少也會跟著改變。將記事本中的想法抄寫到筆記本，僅僅如此就能產生新的意義。切斷與原本的環境關係後，就能看見與過去截然不同的面向。

接著，再一次搬動筆記本中的想法。在沉澱熟成的期間，可看出哪些點子已經睡死，或覺醒的機率極低，這些不要一直留著。將還有機會的、呼之欲出的想法，再移到新的地方，或許還會激盪出更強烈的火花。

根據第一本筆記，再製作一份筆記，我稱它為「**超筆記本**」。

先前介紹的筆記本是一頁一個主題，而超筆記本則是兩頁，亦即一個跨頁一個主題。首先開頭寫上主題名稱，編上流水號，這部分與之前的一樣。接著整理筆記本裡的內容，條列式的寫進超筆記本，可留下一些空白處，方便之後補充內容。

如圖3所示，標題下方的cf為原筆記的編號。右頁橫線下方記錄的，就是

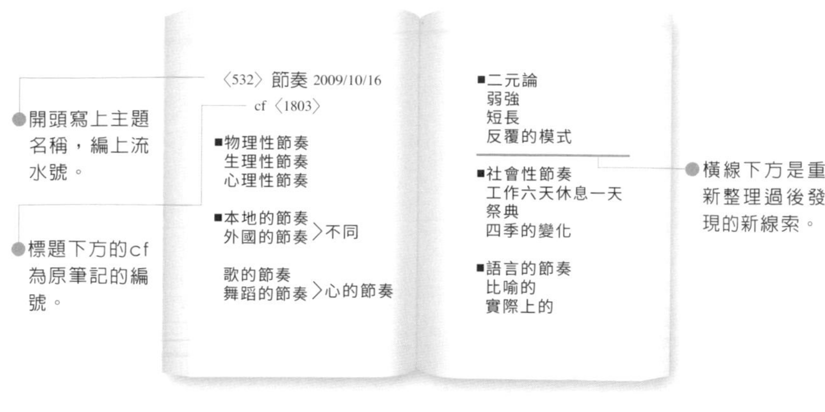

圖 3　激盪最後火花的超筆記本

重新整理過後發現的新線索。內容太多寫不下時，可浮貼一張紙再寫，同一主題不要分散開來，否則之後容易忽略，應盡量避免。

標題右方的日期為抄寫到超筆記本的日子。如此一來，我們便能知道這個想法醞釀了多少久才出現雛型，也能知道從筆記本移到超筆記本是沉澱了多少時間。

不可以天天去翻閱

寫進超筆記本裡的想法，可想而知，是對自己非常重要、而且必須長期關注的事物。但即便如此，千萬不可每天去翻閱。既然記錄下來了，就不必擔心，頭腦暫時抽離這些想法，讓想法自己慢慢融入新環境去發酵。將關注力從問題本身轉移到別處，那麼想法就會慢慢愈來愈具體，抑或是消失無蹤。

我平常不喜歡公開談論自己思考的方式，但本書不能只談理論，除了從自身的經驗出發，別無他法，所以就分享我的做法給大家參考了。

記事本是用每年年終時別人送我的，也會使用裡面的計畫表。想法多的時候，一年有時會用到五、六本記事本。近來大概一本就足夠了。即便如此，平均一年會記錄一千到一千五百筆項目。過去勤於做筆記的時期，曾經輕輕鬆鬆就突破了一萬筆。

不管何時，我總是手不離記事本，只要注意到什麼、聽到或讀到有趣的事，就當場寫下來。這就是做筆記的不二法門，若不當場記錄下來，之後就很難記得了。

至於筆記本，先前曾提到我使用的是英文日記本。超筆記本也是用同樣的英文日記本。筆記本的大小若不一致，收進櫃子裡時不整齊，看了也不開心。

　但超筆記本與筆記本若完全沒有區分也很傷腦筋，最好能一目瞭然，因此我用顏色來區分。筆記本包上白紙；超筆記本則包上咖啡色的牛皮紙，分別標上序號，依序排列。就這樣整理了二十多年，現在咖啡色的超筆記本已有二十二本，白色的筆記本則有三十一本。看著這五十三本冊子，想到我的思考、想法全都在這裡面時，不禁心情也愉快了起來。

第 4 章

思考的整理和遺忘

大腦裡的知識需要整理

我們的教育向來把頭腦視為倉庫，不斷將知識囤積在腦子裡。
然而，要讓頭腦成為高效率運轉的工廠，就一定要不斷的遺忘。

從孩童時期起，大人就經常提醒我們「不要忘記這個、不要忘記那個」，只要我們說「我忘了」，立刻會遭來一頓斥責。或許是因爲這樣，我們總是對遺忘懷抱著恐懼，覺得遺忘是不對的行爲。

學校要求學生不可以忘記、要牢牢記住，當然不是無理取鬧。學校是傳授知識的地方，以提升學生知識爲目標，如果學生把好不容易吸收的知識一點一滴的遺忘、捨棄，可就麻煩了。所以，校方當然會要求學生牢牢記住，並且經常以考試來檢驗記憶的狀況，警告學生：記不住就要扣分。分數當然是愈高愈好，所以學生自然而然的會開始畏懼遺忘。

教育程度愈高、愈被人稱讚頭腦好的人，通常就表示擁有許多知識，記得很多事物。慢慢的，頭腦好與記憶力好幾乎成了同義詞，社會上也就產生了許多活字典、書呆子。

問題是，我們的腦子是怎麼思考的呢？

頭腦不是堆放知識的倉庫

我們的教育向來把頭腦視為倉庫，不斷將知識囤積在腦子裡。倉庫當然愈大愈好，裡面可以塞愈多東西愈好。

只是，我們一邊努力堆積的同時，一邊也會逐漸忘記，所以「不要忘記」就成了大家共同的口號。而考試，就是在檢查庫存，看看腦子裡的存貨有沒有減少。

如果頭腦是倉庫，遺忘就是大敵，博學多聞則是有學問的證據。不幸的是，人腦的眞正大敵——電腦出現了。電腦擁有超完美的倉庫必備功能：放進電腦裡的資料既不會遺失，需要的時候可以迅速取得，還分門別類整理得很完善。

隨著電腦的發達和普及，便產生了人的頭腦是否還要被當成倉庫使用的疑問。僅只具備儲藏功能的電腦人，根本比不上眞正的電腦。

而具有創造性的創意人，逐漸成爲大家關切的課題，因爲人必須做電腦辦不到的事，否則就會被淘汰。

今後，大腦在一定程度上還是得扮演倉庫的角色，但是光這樣並不夠，**大腦還必須成爲發想新事物的工廠**。當倉庫，只要確保放進去的東西不會遺失就好，但若要創造新事物，就不能只有保存、保管的功能。

首先，一股腦的把東西往工廠堆放，會影響工作效率，**必須先捨棄多餘的東西，以保有寬敞的空間**。話雖如此，丟掉所有的東西也無法工作，因此整理變得非常重要。

就算是倉庫，也必須經常整理，倉庫的整理只是將物品依序放整齊；相對的，工廠的整理，則是清理會影響作業進行的物品。

而遺忘，就等於是在整理工廠。如果我們把頭腦視爲倉庫，遺忘是危險的，但若從保持工廠的作業效率這個觀點來看，遺忘卻是必要，且必須經常執行的。

不要對遺忘有偏見

現代人把工廠當倉庫使用，自己還沾沾自喜，結果一不留意就培養出那種既沒有工廠效用、也無法發揮倉庫功能的人。電腦不會遺忘，所以應該讓電腦充分發揮倉庫的功能，而把人類頭腦的功能，設定爲**知性的工廠**。

要做到這點，首先必須修正對遺忘的偏見。當你嘗試這麼做時，才會發現，遺忘是何等的困難。

假設現在有個突發事件，因爲這個事件，許多意料之外的事情一時之間蜂擁而至。結果陷入事件的人，頭腦因不斷載入各種資訊而引發混亂，好像突然當機，茫然若失，不知該如何是好。這就是所謂的「忙碌」。「忙」是「心」

「亡」，一旦忙碌起來，頭腦就會失靈，所以絕不能讓頭腦陷入忙亂之中。塞滿亂七八糟雜物的倉庫，無法發揮效用。

在日常的生活中，頭腦絕對不能處於忙碌的狀態，所以人體會自動整理頭腦裡的東西，讓頭腦不忙亂。

這個自動的整理就是睡眠。

忘得不夠多，會使神經衰弱

當我們入睡後不久，就會進入「快速動眼睡眠」狀態，這時眼皮看起來好像在顫動。頭腦就是在這段期間整理當天發生的事情，區分應該記憶以及應該處分掉的，也就是決定應該放進倉庫的與該遺忘的事情，然後自然的遺忘。

我們清晨醒來時覺得神清氣爽，就是因爲晚上睡覺的時候，腦子裡已經整理乾淨，清出了一大片寬敞的空間。如果有事情妨礙了這項工作的進行，早上醒來就會覺得不舒服，腦子也會感到沉重。

早晨是思考的黃金時間，也是因爲大腦工廠被仔細整理過，寬敞開闊，運作自如之故。

以前的人因爲遵循著自然的節奏過日子，所以只靠上天給予的睡眠機制就能充分發揮遺忘作用，做好頭腦的清掃工作。然而，現代人處於資訊氾濫時代，連不必要的東西也很容易堆放在腦中，光靠晚上的快速動眼睡眠時間，還是會殘留無法處理的資訊。如果就此置之不理，頭腦會逐漸混亂，經常處於「忙碌」狀態。神經衰弱等症狀就是這樣引起的。

過去我們一再呼籲「不要忘記、不要忘記」，是因爲我們把頭腦當成倉庫使用，而且那時裡頭還有許多寬敞的空間。然而現在，放進腦袋裡的東西愈來愈多，相對的空間就不敷使用了。再加上，現代人的頭腦不僅要當倉庫，也必須成爲創造新事物的工廠。如果腦內到處都是占空間的物品，眞的會動彈不得。

於是，我們必須開始學習遺忘。

什麼該遺忘，由你決定

一直以來大部分的人都不曾想過這件事，現在突然叫大家遺忘，當然不可能馬上辦得到。可是，有進就必須有出，如果只進不出，總有一天會爆炸。

飲食也是這樣。把東西吃進去，人體消化並吸收該吸收的養分，其餘沒有用的殘渣就排出體外。如果光進食不排泄，就會便祕。以往的倉庫式教育，即是一不小心就會便祕的做法。所以，不斷的攝取，就必須不斷的排泄。遺忘，是腦部不可或缺的排泄作用。把遺忘視爲禁忌，那就大錯特錯了。

努力學習、獲取知識的同時，也必須處分、整理沒有用的事物。如果無法分辨什麼東西重要、什麼東西不重要，會連一張舊報紙也無法處理。事實上，我們也沒那種閒工夫，可以慢慢思考、區分重要與不重要的東西。我們應該是自然的、直覺的分辨需要與不需要，然後進行新陳代謝。

要讓頭腦順利運作，「遺忘」是非常重要的。要讓頭腦成爲高效率運轉的工廠，就一定要不斷的遺忘。

遺忘是根據自己的價值觀進行的。

自己認爲有趣的事物，再怎麼細微的小事也難以忘懷。所以，若沒有確切的價值觀，往往就會忘記重要的事物，而淨記得一些無關緊要的。這一點，還必須深思才行。

有效遺忘的方法

想稍稍打掃一下頭腦時，不妨停下來休息休息。
喝杯茶，做些別的活動，都能得到消除疲勞、重振精神的效果。

提醒自己絕對不能忘記時，腦子就會像是惡作劇般，馬上忘得一乾二淨。然而，希望快點忘記的事物卻總是盤旋腦中，怎麼也忘不掉。事情的發展總是無法盡如人意。

一直以來，我們總將遺忘視爲禁忌，因此，說到該如何遺忘，一時之間也想不出什麼好方法來。但是，一直無法遺忘、一直忙碌著的頭腦，是想不出好點子的，光是焦急、煩惱也於事無補。其實，在學習的過程中，學校也不是沒教過學生遺忘的方法。

自然的遺忘方法，就是睡眠，這在前一個章節已經提過。只是，如果光靠睡眠就夠，那可眞是萬幸；正因爲光靠睡眠還不夠，所以才麻煩。

酒精能讓身體忘記

心中有煩惱時，我們總希望盡早忘記，這是人之常情。從古至今的慣用方法就是喝悶酒。喝得爛醉如泥、昏睡過去，醒來後還搞不清楚自己身在何處，這樣，再怎麼苦悶的事情大概也忘得一乾二淨了吧！

這樣的飲酒方法對身體不好。不過，如果我們總帶著鬱悶的心情度過輾轉難眠的夜晚，也絕不是健康的生活方式。雖然喝悶酒對身體不好，卻是快速排除腦中有害事物的一種智慧。喝悶酒是最原始、也是過於激烈的遺忘手段，但卻有其一定的功效。

不過，再怎麼有效，如果喝酒解悶不節制，別說對頭腦的影響了，一定會先傷害身體。所以除非是非常嚴重的事，最好不要這樣做。

想稍微轉變一下心情，需要暫時將事情擱置下來，以全新的思緒思考，所以必須先稍微打掃一下頭腦。絕不會有人傻到每次想改變心情就去喝悶酒。

轉換當下的環境

其實也可以離開座位，出去喝個茶。只要改變場所，心情也會跟著轉變。前面提過水土療法，這也算是暫時性的水土療法，能讓心情轉變，這時再喝杯飲料，情緒就會產生變化。這時喝的飲料，英文稱爲 refreshment。refresh 是動詞，指「提振精神」「重新振作」。名詞 refreshment 則是「便餐、茶點」的意思。

雖然沒有喝酒般的強烈，不過，藉由飲食的動作，可以整理腦中的事物。這個方法應該也有遺忘的效果吧！

除此之外，動手做些其他的事，也可以達到遺忘的效果。前面提過「心急水不沸」。如果執著於一件事而連遺忘的時間也沒有，可能會連本來可以做到的事都變得做不到。所以一定要學會忘記。

不過雖說如此，就算我們不斷努力告訴自己「忘了吧」「忘了吧」，也看不出什麼效果，反而更加難以忘記。就如同在失眠的夜裡，因爲睡不著而感到焦慮，愈焦慮，頭腦就愈清醒。其實在這樣的時刻反而要拿起一本書來讀，努力研讀，試圖理解艱深的內容，這麼一來，就會開始想睡了。

遺忘也是如此，只要做些其他的事就好了。做完一件事之後，立刻繼續做另一件事，這樣過了一會兒，腦子就會被新的問題纏住。如果長時間做同一件事，頭腦會不斷的累積疲勞，效率也會持續下降。所以，有時候必須停下來休息、喝杯茶，就是這個道理。不過，如果換做些別的活動，就算沒有休息也能得到消除疲勞、重振精神的效果。

努力遺忘，反而忘不掉

勤奮用功的人從早到晚都在思考相同的問題，雖然很努力，效率卻不見得比較好。俗話說：「與其在鄉下死讀書，不如到都市睡午覺。」就算用功到廢寢忘食的地步，也不會有效果，適時停下來休息，到外面廣蒐資訊，轉換一下心情，反而比較有效率。

關於這點，雖然不知道最早是誰想出來的，不過最典型的就是學校的功課表。乍看之下彷彿沒有脈絡可循，國語課之後是數學，接下來是社會，理化、體育之後是美勞，甚至讓人覺得太緊湊了。有些高中爲了讓課程安排更有組織，特地安排同一門課連續上兩個小時，我認爲這樣的想法有點錯誤。

如果想培養學生倉庫型的頭腦，就另當別論，不過，若是想培養學生擁有思考型頭腦，就要記得，**遺忘也屬於學習的一部分**。想達到遺忘的效果，最有效的方式就是讓學生連著接觸屬性完全不同的課程。一般學校的課程表就是這麼安排的。

而且，兩個科目之間要插入休息時間。這是爲了遺忘所做的休息。最好的方法就是讓學生在校園裡盡情奔跑，藉由新鮮的空氣提振精神。

流汗是有效的遺忘手段

其次，流汗也是一個有效的遺忘手段。精神暢快是頭腦經過大掃除和遺忘的最好證明。要充分驅動大腦，適度的運動是不可或缺的條件。我們的身體有所謂的氣血循環，頭腦也是身體的一部分，如果身體的氣血循環不順暢，頭腦的血氣也絕對不可能通暢無阻。

至於散步，雖然還不到可以讓身體流汗的程度，不過散步也會使用到身體，所以一樣具有促進遺忘的功效。這個方法似乎自古以來就受到重視。西歐的哲學家偏好散步，在悠閒的散步中歸納想法，得出新的發現。

如果因某件事而煩心，這時就算想讀書，思緒也會一直被打斷而無法專注在書本上。索性丟下書，出門散步去。而且不要悠閒的漫步，而是快步前進。這樣，不一會兒情緒就會產生變化，籠罩在心中的烏雲將漸漸散去。

快步三十分鐘後，最近期的記憶幾乎都會散去，讓人感覺心情輕鬆愉快，接著再回頭想想已經被遺忘的開心事、重要的事。這麼一來，頭腦的整理就算完成了。回去再度面對書本時，書中的內容就會不斷進入腦中。

重要的事，不要記下來

前面提過，會遺忘的，都是些沒有什麼價值的事，至少當事人的內心深處是這麼認爲，會遺忘的就是會遺忘。但只要是自己有興趣、關心的事，就算是非常細微的事也絕對不會忘記。**所謂的遺忘，就是區別、判斷腦中事物的價值。**

許多人會在聽課或聽演講時拚命做筆記。因爲怕忘記，所以趕緊記錄下來。或許是因爲做了筆記，心安了，覺得忘了也沒關係，結果反而忘得一乾二淨，就連本來不可能忘記的內容也都忘光光。

我不常做筆記。如果只是茫然聽講，大部分的內容都會忘記，不過，眞的感興趣的內容就忘不了。一旦鉅細靡遺的記下來，連有趣的部分也會忘掉。

無趣的小事當然可以盡量記下來，這麼一來，就能放心的早點忘記。

至於重要的事就不要記，這樣才會不斷提醒自己不可以忘記、一旦忘記就想不起來了。

人藉由文字留下紀錄，卻也因此而善於遺忘。這麼說來，人的頭腦應該會很好才對。

思考的整理，就是有技巧地遺忘

經典是穿越讀者層層的遺忘而誕生的，積極的、有技巧的遺忘，就是在自己的腦中進行經典化的方法。

現在，大概只有專門研究近代文學的人，才知道島田清次郎這位小說家吧！他轟動一時的代表作《地上》，至今更是鮮爲人知。

如果從日本大正時代（一九一二～一九二六）的文藝青年的眼光來看，島田清次郎無疑是一位天才型作家。而今呢？才過了六十年，他就幾乎被世人遺忘了。當時的人反而對夏目漱石的文字抱持懷疑態度，批判的聲音也不少。而今，夏目漱石的作品晉升爲國民文學，在近代文學中的地位也幾乎無人能比。

若身處在大正時代中期，應該完全料想不到現今的發展。流行會使人錯亂，「現代」永遠是最不可解的時代。我們很清楚古代的歷史，不會做出太離譜的判斷。然而，每一件現代事物，我們都可以直接聽聞，但身處其中卻完全搞不清楚。明明覺得已經了解，卻又會做出錯誤的判斷。

未經時間考驗的東西沒有價值

文學史家深知這點，大部分的史學家都不敢碰觸現代史。當然還是有人嘗試研究現代文學史，然而通常研究都會停留在三十年或五十年前的時間點上。即便如此，史學家在面對新事物時，一定會加上慣用句：「這些作家與作品尚未經過時間的考驗。這未經深思的批判，務必謹慎以對。」

在這背後有數不盡的失敗例子。爲什麼眼前應該最清楚的事物我們卻往往看不透？原因之一是，一直以來我們都是透過「流行」這副有色眼鏡看待眼前的事物。當每個人都戴上相同的眼鏡，我們便很難注意到這只是一時的。透過這副眼鏡，就算有新事物出現也看不出來，即便看到了，也是經過扭曲的奇怪影像吧！總之，就是看不出新事物的眞正價值。

另外一個原因是，太新鮮的事物經常不是以其原本的面貌呈現在世人眼前。木工不會拿剛砍下來的木頭蓋房子。剛砍下來的木頭看起來不錯，卻無法用作建築材料，因爲等它乾燥後就會彎曲。以木材來說，剛砍下來的樹木就是所謂「虛假的姿態」，如果不先花時間讓它變形，就無法拿來蓋房子。

事物的價值不會立刻浮現

關於新的文學作品，也是同樣的道理。作者剛出爐的作品就如同剛砍下來的樹木一樣，就文學史而言，要拿來當建築材料還嫌太新，必須讓這個作品經過「時間的考驗」，吹風、乾燥才行。

隨著時間的經過，多多少少會產生風化作用。**細節部分一一脫落，新的性格慢慢成形，這就是經典化的過程**。古今中外，大概沒有任何一部古典作品，其意義與精神會與一開始的原稿完全相同。每件作品經過時間過濾，該脫落的部分自然會逐漸剝落。

經過時間的篩選，有些作品湮滅消失了，例如，島田清次郎的《地上》在發表時吸引了社會大衆的目光，然而不到半世紀之後，就完全被遺忘了。而保留下的，就和木材一樣，經過吹風、乾燥，樣子也與剛砍下來時截然不同了。

喬納森．斯威夫特的《格列佛遊記》是十八世紀的創作，本來是對當時政治現況的諷刺小說。不過，到了下一個世紀，了解其中諷刺意味的讀者愈來愈少，而且隨著時代的演進，令人不明白的地方也愈來愈多。原本的諷刺意味快速的風化，最後，已經沒有人把《格列佛遊記》視爲諷刺小說了，這個作品有可能就此被世人遺忘。

然而，讀者卻以全新的角度閱讀，那就是把這部小說化爲寫實童話。隨著這樣的變化，《格列佛遊記》起了經典化的作用。當政治的諷刺意味消失之後，讀者層反而拓展到全世界。

遺忘正是去蕪存菁的好方法

所謂「時間的考驗」，是指經歷時間的風化作用。風化作用換個詞，就是遺忘。**經典是穿越讀者層層的遺忘而誕生的。作者自己無法創造出經典。**

通過遺忘的過濾器時，大量的事物消失不見，而這也是大部分事物的命運。只有極少數可以通過考驗，並以經典的姿態重生。若想擁有持續性的價值，遺忘的濾網肯定是避免不了的難關。

這個難關不會對五年或十年的新事物起作用。經過三十年、五十年之後，遺忘才會開始發揮威力。就算擱置不理，只要過了五十年，木頭自然會浮出水面，而石頭自然會沉入水底。

如果這算是自然的經典化作用，應該也有些東西是透過人爲的經典化作用而形成。自然的經典化需要長時間考驗。雖然擱置不理也會自然產生經典化作用，但也有可能窮盡一生都不會完成。難道沒辦法讓作品在更短的時間內通過時間的考驗嗎？

如果沒有特別努力，經典化可能會花上三十年或五十年的時間。若想縮短這段時間，靠著**積極遺忘**就能辦到。不依賴自然的遺忘過程，而是積極、努力的忘記。如前一章節所提到的，不斷整理頭腦，讓頭腦容易遺忘，這樣大概就能顯著縮短遺忘的時間。

遺忘是經典化的里程碑

一時的想法在當下看起來非常了不起，不過，那樣的想法就像剛砍下來的樹木一樣，必須盡快抽乾水分。就像是做筆記，只要寫下來就會感到心安，感到心安就容易忘記。過一陣子之後再回頭審視，只不過經過短短的十天、半個月，記憶就開始腐朽了。連自己都不懂爲什麼當初要大費周章寫下這些筆記內容。這就是風化進行的結果。

把可用的內容謄寫到筆記本上，這些就是通過第一次考驗的內容。同樣的，過一陣子再回頭檢討這些內容，就會再發現一些無聊的東西，也就是第二次時間的考驗。

通過第二次考驗的內容就再謄寫到前面提過的超筆記本上。就像這樣，分辨、保留不變的東西；另一方面，易變的部分就要徹底遺忘。

遺忘是經典化的里程碑，所以說最好要學會遺忘。若想快點在個人的腦中建立經典、不變的思想，遺忘也可說是最重要的方式。

整理思考時，遺忘是最有效的方法。如果交給自然篩選，要處理一生中所發生的事情，會耗費掉太多的時間。用剛砍下來的木頭來蓋房子，不管蓋幾棟，都將熬不過時間的風化作用。

成爲遺忘高手，不斷的忘記。如果能以自然遺忘的數倍速度進行，那麼歷史上花了三十年、五十年的經典化整理過程，便能在五年或十年之內完成。強化時間、加速遺忘，就是在自己的腦中進行經典化的方法。

那些經過經典化作用的個人興趣、想法，應該就不容易消失。

所謂思考的整理，就是學習如何有技巧地遺忘。

經過捨棄，知識力量倍增

知識就是力量，但唯有經過整理才能發揮。
讓其自然廢棄是遺忘，有意識的丟棄便是整理了。

知識愈多愈好。不管再怎麼努力吸收，也還有無限的未知等著我們去學習。

發現萬有引力定律的牛頓曾經說過這段話：

「我不知道外界的人對我是什麼樣的看法。不過我認爲自己就像是在海邊玩的小孩，偶然拾起稀奇的小石頭而欣喜若狂，卻不知道如大海般的未知眞理就在面前。」

就算無法窮盡這個眞理的大海，不過顯然大家都認爲知識愈多愈好。上小學之後，大家就經常爲自己知識不足而暗自煩惱，不管怎樣，都覺得得不停吸收知識才行。

大家只是拚命的獲取知識，卻幾乎不曾想過進入腦中的知識該如何處置。因爲這樣，造就了許多擁有大量知識、博學多聞的人。

培根說，知識就是力量。

雖然大家都把這句話掛在嘴上，不過至少在現代社會中，光有知識也無法發揮力量。知識本身不具創造性，**必須經過組織、整理，知識才能具備創造新事物的力量**。

知識也有收穫遞減法則

不僅如此，當知識吸收到一定限度，也會達到飽和。這時，無論再怎麼努力想增加知識也都會流失掉，對問題的好奇心降低，求知的欲望也會低落。

這就是所謂的收穫遞減法則。

收穫遞減法則指的是在固定的土地栽種農作物時，隨著投入的財力與勞力的增加，作物的產量也會跟著增加。不過，一旦到達界限，生產量就不會再成長。

從學習知識的過程也可以看到類似的現象。剛開始時，愈努力學習，得到的知識量就愈多，效率也跟著提高。然而，等到學了一定的程度，就會遇到瓶頸。或許是能夠學習的新事物已經沒有那麼多了，更慘的是，最初的新鮮感與好奇心也消失不見。有句話說「莫忘初衷」，這個提醒眞是一點也沒錯。

二十年、三十年致力於同一件事情上的人，反而得不到什麼顯著的成果，這就是收穫遞減法則的證明。因此，長期專注於同一件事不見得是黃金定律。

知識在一開始的時候是多多益善。不過，一旦達到飽和狀態，就必須改採逆向思考，進行精選與篩除。總而言之，整理是必要的工作。在一開始是加分的動作，從某個時點起反而會造成反效果。許多事物都有這樣的現象，沒有察覺到這一點的人就會失敗。

以馬拉松長跑爲例，前半段的路程是離起跑點愈遠愈好，但是到了後半段，反而是往起跑點的方向前進。因爲起跑點就是終點。途中有一個折返點，繞過折返點後再往回跑。如果沒有在折返點的地方迴轉，而繼續往前跑的話，就永遠無法抵達終點。知識的馬拉松也是如此，許多人都沒有在折返點回頭，只是拚命的往前衝。

從折返點回頭之後，就不能再一味的增加知識，而應該不斷丟棄無用的知識。關於遺忘的重點，前面已經提過。**透過遺忘，才能爲思考帶來活力。**

學校沒有教的知識捨棄法

這時我們要思考的是，已經習得的知識該如何捨棄、整理？

在我們的生活空間裡，如果廢物愈積愈多就要丟掉。舊報紙、舊雜誌非常占空間，一旦堆積起來也很容易沾惹塵埃。沒有人對於丟棄這類東西會感到猶豫。如果連這樣的東西都想堆積，會連居住的空間都沒有。

一般來說，年長的人比較會堆積廢物。看到裝點心用的木盒子製作精美便保留下來，結果空盒子堆積如山。年輕人覺得這樣的東西丟了也沒關係，但年長的人就會認爲太浪費了而不肯讓步。

就算是把舊報紙、舊雜誌當成垃圾的人，或許也不會輕易把書本當成廢紙丟棄。不過，當書本愈積愈多，就會陷入無可收拾的地步，到最後，反而憑著一股衝動丟掉所有的書，沒多加思考就隨便處理掉。

丟掉所有東西之後，心情非常爽快，但等到需要查詢資料時，才想起那本做了記號的書已經被自己賣掉了。這時又覺得書眞的不能隨便賣，還是留著比較好，於是又開始堆積起來。

會落到這種地步，就是因爲平常沒有一套整理的方法。蒐集固然不容易，不過丟棄、整理則是更加困難。

關於知識或學習，我們學會利用記憶、筆記、卡片等各式各樣的工具作爲輔助，但是，很少有人提出關於整理的有效方法。學校不厭其煩的教學生如何學習知識，卻沒有教學生如何整理塞滿事物的頭腦。遺忘的重要性不亞於學習，甚至可以說，遺忘比學習更困難。而學生不知道這點就離開學校，絕不是幸福的事。

自然廢棄是遺忘，有意識的丟棄是整理

連整理廢物都會後悔丟掉不該丟的東西，更何況是關於知識和思考的整理，擔心萬一將來有一天會用到，而不敢丟。不過即便如此，知識還是得丟棄。讓其自然廢棄是遺忘，有意識的丟棄便是整理了。

假設我們爲A問題製作了一千張卡片，如此大量的資料會讓我們不知如何運用而動彈不得。所以首先就要設定幾個項目進行分類。這時，絕不能因爲有些資料難以歸類，覺得很麻煩就丟棄。

接著，再花點時間檢討這些已分類的資料。如果太過心急，可能會遺漏其中潛藏的價值。花些時間慢慢進行這項工作吧！忙碌的人不適合做整理，因爲忙碌會讓人忽略珍貴的事物。所謂整理，不外乎透過當事人的喜好、興趣，以及價值觀（這些幾乎是類似的概念）進行篩選的作業。如果不以價值作爲判斷標準，確實整理，就會丟掉重要的事物，而留下可有可無的東西，並且不斷重

複相同的蠢事。

就算擁有價值這把尺，整理時也要帶點彈性，視情況做判斷。正因如此，我們不能把這件事交由小孩子處理。不僅是小孩子，我們也不能委託他人幫我們整理。

什麼該丟棄，必須透過當事人的個性仔細斟酌，這比毫無選擇的吸收知識還麻煩，需要非常審慎。

雖然閱讀大量書籍可以變得博學多聞，但**若要塑造獨一無二的自己，就要負起責任，學會分辨什麼是眞正感興趣的，而什麼又只是一時的興趣**。

不斷檢查庫存的知識，逐步且愼重的丟棄一時的東西，只留下不變的知識，這時的知識才可能成爲力量。

而這種情況最明顯的例子，大概就是處理藏書了吧。雖然不是丟棄，但要放棄自己的藏書還是令人相當不捨，沒有經歷過的人應該無法體會這種感覺。那些只是誇口自己擁有大量藏書而不做任何處理的人，是沒什麼好高興的。

動筆寫，就是一種整理

書寫是利用線性語言表現立體的思考。
不要想太多，先寫就對了，
這樣就會從糾結的毛線球中找到線頭，然後慢慢解開。

想要整理腦中的想法時，經常會因無法順利進行而感到焦躁不安。雖然已經經過仔細調查，手上握有大量的資料，但或許就是因爲擁有太多資料，反而不知道該如何整理。

實際動手去做才知道整理是相當困難的作業。不知道該如何面對這種麻煩的人，會逐漸迴避整理、歸納文章，而只是快速的閱讀。閱讀的量愈多，知識也會跟著增加，只是，當材料不斷增加，就會更排斥整理。結果，雖然是非常勤奮好學的人，卻成爲一個沒有任何整理系統的人。

「如果沒有稍加構思就無法動手寫」──在準備畢業論文的學生經常會這麼說。但遲遲不下筆的結果，時間愈逼近，就愈發焦慮。焦慮的頭腦不可能產生什麼好想法。

像這樣的時候，我總會建議各位「無論如何，先試著動筆寫寫看」。或許你對書寫感到恐懼，會爲自己找藉口，設法將動筆的日子延到隔天。然而，眼看著截止日期逐漸逼近，焦慮也會不斷升高。

這時就算腦子裡拚命思考，也整理不出什麼條理，只會讓頭腦更加混沌而已。特別是愈深入研究、材料愈多，混亂的情況也會更明顯。大部分的人都認爲，怎麼說也不能就這樣動筆寫論文，必須再多加構思才行。這樣的想法其實不對。

動筆時不要有壓力

只要輕鬆下筆就好了。如果一開始就企圖寫出一篇大論文，很容易造成心理負擔，擔心投注大量心力之後，非但沒有完成精心傑作，反而寫出虛華無實的長篇大論。任何人都想寫出好作品，但是，並不是心裡有這樣的想法就能寫出像樣的文章來。其實，不要抱持這樣的想法反而會更順利。不只論文，報告、企畫案等都是如此。

許多人在孩提時期都寫得一手好字，但長大之後寫出來的字連自己都覺得慘不忍睹。那是因爲孩童時期比較純眞，沒想過自己可以寫出漂亮的字，所以可以輕鬆的寫。得到大人的稱讚之後，產生了自信，便希望下回能寫得更好以得到他人的讚賞，結果這麼一來反而很難進步。寫文章也是一樣的道理，一旦產生欲望就會產生反效果。

當你認爲自己還沒準備好，無法下筆時，也要告訴自己差不多可以動筆寫了。無論如何，一旦動筆寫，想法自然就會浮現。有趣的是，在書寫當中，思考的條理也會成形。大腦裡是一個立體世界，當各種想法急於表現，就會覺得處於無法收拾的狀態。

書寫是線性作業，一次只能畫出一條線。就算腦子裡同時存在A與B兩個想法，也不可能同時表現出來，一定得排出先後順序才行。

換句話說，書寫就是利用線性語言表現立體的思考。在尚未習慣之前，多少會有些抗拒，這是在所難免。不要想太多，先動筆寫就對了。這樣就會從糾結的毛線球中找到線頭，然後慢慢解開，逐漸的，思緒就會變得清晰明朗。

另外，試著下筆之後，也會明白自己的腦筋有多麼混亂。這時也是一樣，先寫再說，這樣條理就會逐漸浮現。

愈寫，想法愈清楚

腦中的想法都在等待表現的機會，當這些想法一下子蜂擁而至，你會不知道要先從哪裡開始寫。想要按照順序一項一項書寫，不過又該按照什麼順序呢？順序雖然重要，不過如果一開始太在意這點，反而會無法前進。總之，先寫就對了。

愈寫就會愈有心得，腦筋也會變得愈來愈清楚，前面的方向也會逐漸明朗。最有趣的是，原先沒有考慮到的事情也會在動筆時突然浮現腦海。如果這樣的情況出現多次，就能推斷這將是篇令人滿意的論文。

一旦動筆寫就不要經常停下來，要不斷往前進。如果在細節的表現上推敲斟酌、塗塗改改，就會失去書寫的氣勢。

就像以全速前進的自行車不會在乎一點點的顚簸，而能一直快速前進；反而，慢吞吞的自行車只要遇到一顆小石子就有可能翻車。陀螺也是一樣，轉得愈快的陀螺愈穩定。

雖說寫論文必須小心謹愼，不過如果寫了又改、改了又寫，到最後可能會搞不清楚自己想說什麼。所以必須先以一瀉千里的氣勢書寫，直到結束，然後再回頭重新閱讀，這時就可以慢慢訂正、修改了。

好好的推敲，不是只做部分的修改，有時還得動大手術，做結構上的變更，例如將中間的部分放到前面，或是把最後的部分移到前面去。不過因爲已經全部寫下來了，會比較安心，也就能以較輕鬆的心情進行修潤。

初稿應大膽改寫

如果初稿被修得滿目瘡痍，就要重寫二稿。二稿如果只是謄寫初稿的修正版就太沒意思了。撰寫二稿時必須盡量採用新的想法，然後同樣再進行推敲、修潤。如果這次還是有顯著的修正，就要寫三稿，直到無法再修改的地步才能算是定稿。絕對不要懶得重寫，因爲透過書寫可以一點一滴的整理腦中的思緒。在無數次重寫的過程中，自然能掌握讓思考昇華的方法。

除了試著動筆寫之外，也可以找一位善於傾聽的朋友，請他聽聽自己的想法，會很有幫助。當然，有時候也不能輕易告訴別人（這在後面章節會說明）。不過爲了整理思緒，無論如何，就是要找機會表現。

推敲原稿時不要默唸，而要大聲朗誦。這樣若有條理不清之處，就會因爲讀不通而馬上察覺。聲音對於思考的整理也是非常有幫助的。

《平家物語》❶原本是透過口語傳述的作品，在反覆傳誦的過程中，表現方式也經過層層的淬鍊。不管故事情節多麼錯綜複雜，讀來卻是條理分明，讓人不禁佩服作者的清晰頭腦。不過，這並不是作者個人的功勞，或許可說是琵琶法師們❷長久傳述《平家物語》的成果。

思考要盡量透過多個頻道進行整理。光是在腦中想而無法歸納的事情，只要試著動手寫下來，就會清楚許多，藉著重寫，表現也會更加精練。或者也可以試著說給別人聽，如果能大聲朗讀出來更好。畢竟，《平家物語》的完美表現並非偶然。

注釋：

❶著於十三世紀的長篇歷史小說，記述一一五六年至一一八五年日本平氏與源氏爭奪政權的過程。

❷行走各地、配合琵琶彈奏講述故事的盲眼藝人。

練習以一句話歸納想法

思考整理的極致表現就在於標題。
而一句能夠清楚說明主旨的標題，
如果拿掉其中的名詞，就應該什麼也不剩了。

關於論文或研究報告的標題，有著極其繁瑣的規定。我們假設有一篇論文標題是〈海明威的文體特徵——針對前期作品中形容詞使用之考察〉。

如果標題只有「海明威的文體特徵」，那麼讀者就必須實際翻閱才能判斷內容在寫些什麼。與這樣的標題相比，像前者一樣加個副標，能讓讀者更容易判斷。然而，要是一眼就看透論文的研究企圖，也可能激不起讀者閱讀的欲望，這也是缺點之一。若是如此，簡簡單單的「海明威的文體特徵」，反而感覺意味深長，說不定還比較有趣。

因爲規定過於詳細讓人不耐，所以實際上一般人都比較喜歡籠統的標題。有時候我問要寫論文的學生想寫些什麼？主題爲何？學生滔滔不絕的講了五分鐘、十分鐘都還講不完。對於聽者而言，實在聽不出他到底在想些什麼？愈聽愈模糊。

這其實暴露出當事人的構想尚未完整，想法還不夠穩定。或許有人誤以爲在這樣的情況下應該描述得愈詳細愈好。其實，愈是冗長的說明，就表示思緒還沒整理清楚。如果已經徹底的反覆思考過，自然就能鎖定焦點。與其用「海明威的文體特徵——針對前期作品中形容詞使用之考察」爲標題，倒不如改成「海明威的形容詞」，或許更容易傳達作者的意圖。

精簡到極致時，只會留下名詞

大體上，修飾語愈多，表現力就會愈薄弱。例如把「花」改成「紅花」，涵義就狹隘許多。如果再改成「如火焰般的鮮紅花朵」，指稱的就只是特定的花。不過，有時候修飾語多，代表語意愈嚴謹。若不謹慎使用，妨礙了語意的傳達，就會讓人覺得造作。

一般來說，長久流傳的童話故事不太會用形容詞，主要是以名詞爲中心。「花」就是「花」，基本上不會有「如火焰般的鮮紅花朵」這類表現方式。

當表現精簡到極致時，只會留下名詞。副詞會先被刪除。論文題目等標題中的副詞（非常、迅速等等）則是例外。繼副詞之後，再刪去不需要的形容詞，就會讓表現更爲清晰。這邊刪、那邊刪，到最後就只剩下名詞了。

當標題以名詞爲主的時候，思考的整理就算完成了。如左圖所示：

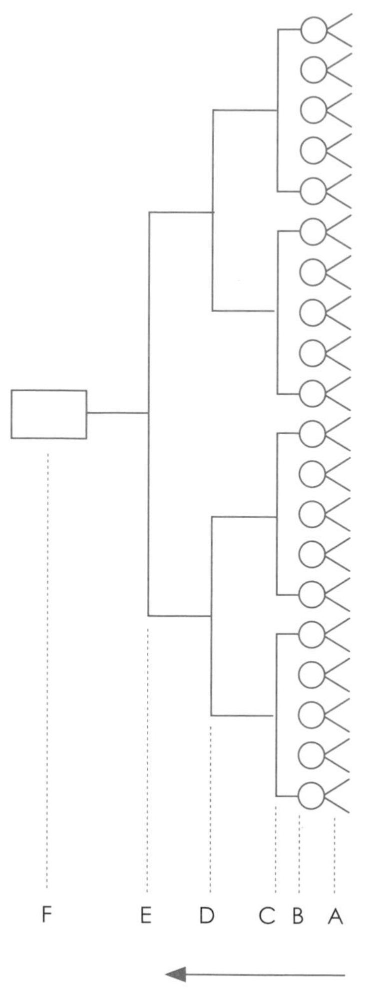

假設整篇文章如右圖這樣整理。從右邊的A開始往F的方向進行階段性的抽象化。右邊的A是個別的句子。幾個句子形成段落，也就是B。集合B就形成節，也就是C。然後歸納成章，也就是D。再往上歸納就是第一部、第二部的E。最後總結整體的標題F就出現了。

反過來說，F的標題分爲第一部、第二部，每部分爲若干章，再往下細分爲幾節，最後就是段落、句子等。

在形式上，數字標記法可以清楚標出整個架構。例如第一部、第一章、第一節就以1．1．1表示，第二節則以1．1．2表示。若是第二部、第二章、第三節就以2．2．3表示。

這把抽象化的梯子，能夠直接連結標題，用其他方法都難以做到。這在美國的學術書籍中廣爲使用，但在亞洲則尙未普及。先別提實際上這樣的構成是否能寫出文章，不過，對歸納思考倒是很好的參考。

「海明威的文體特徵——針對前期作品中形容詞使用之考察」如果是這樣

的標題，意思應該不難理解。然而，如果以「海明威的形容詞」爲標題，讀者可能就不懂海明威的形容詞是怎麼了，光靠想像，難保不會判斷錯誤。

標題定生死

不過，這樣的短標題，能夠激發讀者想進一步知道內容，激起非讀不可的欲望。若是冗長的標題，由於讀者已經推知內容，或許就激不起閱讀欲望了。

另外，學術研究以外的一般書籍，就更難從書名來推測其內容。若看到一本新書的書名就妄下定論，通常都很危險。

日本文法學家三上章，有一本著作名爲《大象鼻子很長》。書店店員看到這樣的書名會以爲這是童話書，便擺在兒童區。不知情的消費者更可能因此而錯買。事實上，這是一本講述雙主格的日本文法書。

有一本發行歷史久遠的英文文學雜誌《英語青年》，許多中學生被這樣的雜誌名稱吸引而去購買，結果根本讀不下去，還寫信到雜誌社的編輯部抗議。

總之，不管標題或書名都不是那麼單純，特別是外文書，如果光從書名判斷內容，那就太草率了。正確的態度應該是不追求標題的涵義，等到讀完整部作品，不用說明也能了解了。

實際上，許多書的標題經常是等內容全部完成後才決定的。另外，有些人寄給報紙、雜誌的原稿也會故意不加標題。雖然以編輯部的立場，會希望對方加上標題。標題的地位之所以如此重要，是因爲它能明白指出文章的主旨和象徵意義。一個標題就能定一篇文章的生死。

美國出版的一本關於論文寫作的指南裡有這麼一段話：「主旨必須以一句話表現。」當時我覺得這句話非常有趣，至今印象深刻。如同我一開始所說的，當你在說明文章主旨時，如果需要花十分鐘、十五分鐘陳述，就表示無法以一句簡單的話歸納想法。而一句能夠清楚說明主旨的標題，只要拿掉其中的名詞，就應該什麼也不剩了。因此可以說，思考整理的極致表現就在於標題。

稱讚能讓思考更活躍

就算是毫無根據的稱讚也可以弄假成真。
如果你身邊有善於稱讚的人，那麼脆弱的思考也會願意探出頭來。

思考與一般的工作不同。如果是工作，可以不斷的處理、解決。然而，思考經常是得不到解決，一直在原處打轉。這時我們就會以爲自己完蛋了，什麼都想不出來。

在這樣的情況下萬萬不能鑽牛角尖。如果遇到瓶頸，就要稍微停下腳步，轉換一下情緒。然後，告訴自己**一定辦得到，只要靜下心來想想一定能順利解決**。像這樣給自己暗示。就算做錯了，也不要懷疑自己可能不行或一定不行。

如果想法總是消極，最後會連可能成功的事都失敗。無論如何，要告訴自己一定做得到。或許有人會笑說，這種騙三歲小孩的伎倆哪行得通啊？但就算只是嘴巴上說說，只要說出「啊，完了」，那眞的會很洩氣。所以，自我催眠還是有效的。

不要隨意批評他人的想法

思考是非常、非常脆弱的。如前所述，如果你腦中浮現任何好的想法而沒能及時抓住，事後再怎麼回想也很難重現原有的思緒。

如同詩人在半陶醉狀態下作詩。此時若剛好有人來訪，一旦靈感被打斷，剛才浮現的畫面就完全消失不見，而且不再重現。

思考也是如此。當思緒正往一個有趣的方向前進時，剛好電話鈴聲響起，就在那一瞬間，思考的連線突然被切斷，再也找不到任何線索可以回到原點。要是你還聊了一會兒電話，再回到書桌前，此時思緒已經完全轉向，方才腦中想的事也忘得一乾二淨了。如果本來正在寫東西，回過頭想再提筆寫時，才發現已經搞不清楚原來的邏輯架構。

思緒就是這麼容易隱藏身影。當我們好不容易想到一個好主意，卻被人否定潑冷水，思緒就會受到沉重的打擊，當下的想法立刻縮了回去，甚至可能就此永久消逝無蹤。

有過幾次這樣的經驗之後，我們就會明白，絕對不要隨意批判他人的想法。

要對自己的想法充滿自信，告訴自己「這樣很好」，但光是這樣做還不夠，**對他人的想法也必須抱持肯定的態度才行**。

無論什麼事，只要用心尋找，一定能夠看到優點，然後稱讚這項優點。

在自己還不十分了解時就直接潑冷水說：「完全聽不懂嘛！」這種態度絕對不可取。

如果說：「聽起來似乎很難。不過，好像還滿有趣的。」雖然說的是同一件事，但是對方的感受就完全不一樣。優秀的教育者或指導者會找尋學生的優點，並且幫學生找到一條路通往好的方向。這樣，被批評的一方也會因爲得到稱讚而燃起繼續前進的希望。

如果全面否定對方的話，那個被否定的人將失去重新振作的力量。自己否定自己都會造成嚴重的打擊了，更別說是他人的批評，眼前肯定是一片黑暗吧！

稱讚可以弄假成真

如果大家回想一下過去，特別是想想自己走到現在多虧誰的幫助時，腦中浮現的大部分都是稱讚自己的人。有位老俳句詩人曾經說，他正是因為得到別人的稱讚，才能有今天的成就。稱讚式的指教能使人進步，毀謗的言詞幾乎毫無助益。

朋友之間也是如此，我們必須結交會稱讚自己的朋友。不過，要做到這點很難。比起稱讚，一般人總是容易批評別人。愈是所謂頭腦好的人，愈會看到別人的缺點，而不擅長發現別人的優點。

一旦得到他人的稱讚，我們的頭腦就會變得有勁，不知不覺產生力量，而往意想不到的方向發展。有一個心理學的名詞稱爲「畢馬龍效應」。實驗者將一個班級四十名的學生分爲A、B兩組，每組各二十人。這兩組學生的學力不相上下。首先讓這四十名學生接受測驗，之後發還A組打了分數的考卷，並告訴他們B組考得很好。而B組學生則是在不知道自己考試分數的情況下，也被告知考得很好。這當然是假的。

過了一陣子，全班又進行第二次測驗。跟上次一樣，A組拿到打了分數的考卷，而B組還是不公布答案、也不發回考卷，只是由老師通知考試的結果很好。學生雖然覺得可疑，不過反正被老師稱讚也沒什麼不好，所以沒有追根究柢。

就這樣反覆幾次，在最後一次考試眞正算出A、B兩組學生的平均分數，結果發現，被稱讚的B組學生平均成績比A組高。這就是所謂的「畢馬龍效應」。

就算是毫無根據的稱讚也會弄假成眞，如果是有點根據的讚美，畢馬龍效應一定會更加明顯。如果你身邊有善於稱讚的人，那麼膽小如鼠的思考也會變得鬆懈而願意探出頭來。絕對不要小看周遭氣氛的影響力。如果氣氛不佳就不容易產生好點子。**思考遇到瓶頸時，最忌愁眉不展，因爲這樣會逐漸失去自信。**

寫論文或寫艱深文章時，有人會躲在書房裡用功，也有人會經常與對論文沒什麼幫助的人見面。

多與稱讚你的人交流

我們可能會以爲關在家裡用功的人比較能寫出好論文，然而事實上，經常與人交流的人，才容易產生好作品。與朋友交談時，大家往往隨口抱怨「完蛋了，沒辦法完成」。光是聽到這些，你就知道自己不是一個人孤軍奮鬥，反而還覺得自己的進度超前。這就像間接受到稱讚一般，散會回到家後，繼續努力的幹勁就會再度湧現。

所以**千萬要避免一個人躲起來煩惱。若想與別人討論，就要與能稱讚你的**

人見面。至於那些批評起來一針見血、卻看不到別人優點的人則要敬而遠之。

華而不實的奉承話可以聽嗎？就算有人認定這種話不能隨便聽信，但那是超乎一般人的勇者。一般人就算是被奉承也能從中得到力量。明知是奉承，聽起來也很舒服，這就是人之常情吧。

我們總是羞於對人說恭維話，如果是意圖明顯的奉承還會覺得很丟臉。不過仔細一想，就像見面打招呼，寒暄的話本身也沒有什麼意義，睡到日上三竿的人起床時也還是會說「早安」。**稱讚是最高等級的寒暄**。透過稱讚，被稱讚的人的思考也會更加活躍。

第 5 章

思考的表達與激盪

聲音擁有思考力

我們不只用頭腦思考，說話時的聲音也會幫助思考。
和朋友天馬行空的聊天，就有可能在此時啟動催化作用或偶然力。

發出聲音說話時，頭腦的運作似乎跟平常不一樣。希臘的哲學家在散步、對話當中，有時也會陷入深深的思考，這應該不是偶然。沉思默想經常會令人陷入死胡同中，有時還可能轉不出來。

現代人應該早就捨棄發出聲音思考這種方法了吧！

在初稿完成後，要大聲的唸出來再加以修改。初稿是默默的書寫，不過重讀時就要出聲朗讀，至少也假裝朗讀一下——其實還有不少人這麼做。如果發現有讀不順的地方，該處就一定有問題，必須重新思考。如果只是默讀，通常都會有疏漏。

聲音能找到眼睛的盲點

聲音能找到眼睛所無法看到的缺點。聲音，出乎意料的還眞是聰明。

前面提過《平家物語》寫得很「完美」，我認爲也是經過聲音洗禮的緣故。

朗讀的時候不要拖拖拉拉，要流暢的唸出來。《平家物語》就是經過琵琶法師們無數次的推敲之後，才達到如同結晶般的純度。利用聲音思考的重要性由此可知。

就像《平家物語》的例子，朗讀可以讓思想更加精練。不過，事實上也不見得所有事情都應該說出來。

例如，腦中浮現某個想法時，我們會感到情緒高漲，遇到朋友時就想與對方分享。對於自己半得意的談話內容，除非對方是相當沉穩的人或對於話題擁有相當豐富的經驗，否則多半都會冷漠以對或不以爲然吧！就算對方沒有明白說出口，臉上的不屑神情也充分透露內心的想法。

就算是經過長時間發酵、如同美酒般的想法，得到這般冷漠的對待，一定也會遭受嚴重的傷害。更別說如果是才剛出爐的想法，一定會立刻崩潰。嫩芽若遭受摧殘，將永遠無法再抬起頭來，所以，絕對不能輕率或得意自滿地吹噓自己的想法。

冷酷的批評會扼殺創意的嫩芽

就算對方是無話不談的朋友也一樣，更別說如果對方是前輩或老師，對我們的打擊將會更強烈。

經常有學生來找我討論論文的主題。學生說因爲完全沒有方向，不知該如何是好，所以想來聽聽老師的建議。由於學生沒有具體的想法，我也能輕鬆以對。

但是相反的，如果學生有些不錯的想法，想來聽聽老師的意見，那就非常危險了。老師與朋友不同，對學生而言，老師具有某種「權威」，如果得到老師的認同，學生當然會勇氣倍增，但假使老師說「這算什麼想法」，一下子就否定，這時學生該怎麼辦呢？話已出口，怎麼都無法挽救了。

所以說，如果有什麼好想法，千萬不要隨便說出口。先把想法保留在腦中，讓想法醞釀久一點，透過時間洗滌，才是聰明的做法。如果不知道這點，受到的傷害會有多嚴重那可就不知道了。

身爲老師也要留意一下自己的言行。如果不留意自己隨口的一句話有可能造成多大的殺傷力，就無法當個稱職的指導者。

冷酷的批評可能會扼殺難得的思想嫩芽，而輕率的說出想法也是不智的。寶貴的想法必須先小心保留才是。

別輕易說出自己的想法

把想法說出口之後，腦內壓會下降，也會得到發洩的快感。可是這麼一來，就會失去繼續深入思考或歸納成文章的欲望與幹勁。說話是一種表現行爲，人會因說話而得到滿足，如果特意保持沉默，想表現的內在壓力一定會升高。

許多雜誌的編輯都是因爲希望成爲文字工作者而當編輯的。沒想到做了編輯後，或許因爲已滿足了某種程度的表現欲望，連提筆行文的心情也愈來愈淡薄。因此，對於希望成爲作家、文字工作者的人來說，編輯可說是相當危險的工作。

英國詩人格雷夫斯（Robert Graves）自知光靠作詩不能過活，必須找份足以餬口的工作。想當然耳，找一份與文學密切相關的職業是最好的選擇。不過，格雷夫斯給詩人的忠告是，如果一定要在出版社工作，與其擔任編輯，不如當信件收發人員。因爲創作的能量很容易因種種代償活動而轉移。格雷夫斯看清了這點，而給衆詩人以上的建議。

有的人能說又能做，不過，能說善道的人經常滿足於口頭上的表現而忽略實際行動。只是說出自己的想法也會落入相同的陷阱。所以，絕不可輕易且過早說出自己的想法。

雖說如此，也不能因此就關在房間裡不與外界交流。畢竟在與他人談話時，經常會得到意想不到的好點子。

腦中浮現的想法不可以輕易說出口，這點前面已經提過。既然想法是寶貴的，要說就說些其他事吧！

天馬行空的聊天，是創意的催化劑

以批判的角度思考細節會讓創意萎縮，因此可以談些天馬行空的話題。

聊天時，最好選擇非閒話家常的知性話題，這樣對話就可以避開身邊的人或名詞。一旦對話裡出現共同的朋友，話題就會變成閒聊。閒聊是空洞無實、有害無益的。

其次是不要使用過去式，過去式的內容也通常與閒聊有關。會用到「不無可能」「或許」這類詞語的內容，比較容易產生創造性的想法。

再者，如果與同業或專長相同的朋友對談，話題會過於專業，而使談話範圍愈來愈狹窄。這樣就算有利於獲取知識，彼此互相警戒的頭腦也激盪不出真正有趣的想法。

找一些知心而且沒有什麼利害關係的朋友共聚一堂，天馬行空的聊，催化作用或偶然力就有可能在此時啓動，而產生有趣的想法。最棒的是，這樣能活化思考，非常有趣。會聊到忘記時間的，多半是這樣的朋友。

沒有特別的規畫，話題不斷朝未知的方向發展，離題又再離題，最後走到與開頭完全不同的方向。一旦聊得起勁，有時也會談到連自己都感到驚訝的內容。**畢竟聲音擁有思考力，我們不只用頭腦思考，說話時也必須讓聲音幫助思考。**

談笑是一種思想刺激

身處相同專業的朋友，彼此的談話通常會帶有批判性。如果彼此從事不同領域的工作，比較能暢所欲言，這就是「扶輪社模式」。

前些日子，我和朋友預定舉辦一場三人聚會，於是在東京一家飯店訂了房間，雙人房再加一張床，打算徹夜聊個盡興。

然而，就在聚會的前幾天，最熱心推動這次聚會、住在石川縣金澤的友人突然說他無法出席聚會，因爲學校剛好要召開重要的委員會，而他還擔任委員會的會長，非出席不可。會長的出差行程都是安排好的，所以怎麼都無法再撥出時間參加聚會。朋友在電話中講得都快哭了，但也無計可施。

最後雖然只有兩個人，聚會還是照常舉行。我與廣島的友人就在飯店裡聊了一晚。或許是少了一個人的緣故，感覺有點寂寞。都放暑假了才要開臨時會的學校眞教人覺得可惡。

互相鼓勵、激盪創意的三人會

不是我自誇，我們三人是近三十年的老朋友了。現在人在金澤的友人專攻日本文學，在廣島的友人專攻中國文學，而我則專攻英國文學。一九四八年左右，我們三人同是當時東京高等師範學校附屬中學的老師。當時我們三人都遇到研究上的瓶頸，研究進行得不如預期，方向也都不明確，內心很焦慮。

當時我想開闢一個新的研究領域。關於外國文學的研究，日本的學者總是在後頭追趕，能提出的，淨是作家論或作品論。我想到，外國人有些很特別的閱讀方式，文學作品也是透過這些極少數讀者的解讀才會存在，至少偉大的作品不會被冷落。於是，我認爲研究外國文學，目標必須放在幾乎沒有人提過的讀者論。

或許是因爲年輕氣盛，我構思著獨特的讀者論，內心非常得意。在一次機會中，我與兩位十分尊敬的前輩一起吃飯。說是前輩，其實都是與我年齡相仿的年輕學者。我一心以爲對方會贊成、支持我的論點，於是試著對他們提出研究讀者論的必要性。

然而，那兩位前輩居然異口同聲駁斥了我的想法，認爲這樣的研究不可行。才一開口就遭受挫敗，接下來我連說話的意願都沒有了。我在前面提過，不成熟的研究構想不要輕易說給他人聽。像這樣的經驗，一次就夠了。

後來再度浮現研究讀者論的想法，已經是五、六年後的事了。經過如此長時間的醞釀，絕對不是沒有意義的。

在我被前輩潑冷水、意氣消沉之時，我們三人決定來辦場聚會。

聚會的地點當然不是什麼會場，只是輪流到三人的住處舉辦。會費一百日圓，用來買壽司吃，場地的主人負責供應茶水，其他的任何家庭服務均無。下午一點左右碰面，聊到傍晚時吃壽司，然後再繼續聊，到晚上十點左右才散會。這樣的聚會一年約舉辦四、五次。不知從何時開始就命名爲三人會了。

當時我戰戰兢兢的提出我的讀者論。幸好研究日本文學與中國文學的兩位朋友對這個想法都很感興趣，他們提出來的問題也都給了我新的啓發。

每次舉辦三人會之後，我總是非常興奮。我也曾以三人會的聊天內容爲題材寫了幾篇文章，另外兩位朋友似乎也是如此。

後來，我辭去附屬中學的教職，接著是研究日本文學的友人、研究中國文學的友人也相繼去職。我們三人後來又齊聚於東京教育大學的文學院。對於三人會而言，這不到十年的時光是最幸福的。有時候在教授會議結束的回家途中，我們會找地方喝茶，來個臨時的三人會。

不久，東京教育大學要轉型爲筑波大學，這個大震撼讓校園內部紛爭不斷。我在問題變得愈來愈複雜之前，毅然轉到目前任職的學校。

我的兩位朋友爲了自己的理念，仍努力堅持到底。差不多過了十年，研究日本文學的友人轉到金澤，不久之後，研究中國文學的朋友也到了廣島。由於三人各據一方，三人會無法說辦就辦，當然，一百日圓的會費也行不通了。

不過，三人中如果誰提出「能不能撥點時間，我有些問題想聽聽兩位的想法」，另外兩個人一定會排出時間。也不能說是胡亂消費，但我們總會在高級飯店訂個房間，好好聊上一晚。地點大部分都選在東京，有時也在金澤。

前幾天與廣島的朋友結束聚會，還笑說下次的聚會一定要辦得更盛大。兩人見面有兩個人的樂趣，但是三人聚會的樂趣則更甚之。

來自不同領域的思想激盪

從這些聚會的經驗裡我得出了一些心得。相同專業的朋友之間，談話通常會變得帶有批判性，最後就變得無趣。如果彼此從事不同領域的工作，比較能暢所欲言。這樣的模式我個人稱之爲「扶輪社模式」。

據說扶輪社規定每個分社的會員必須來自不同的行業。相同職業的人不得參加同一個扶輪社，這是創社的條件。而我們的三人會組合正符合扶輪社模式。

不過，也有專攻相同領域的學者持續進行了幾十年的創造性談話。這證明扶輪社模式也不是絕對的。例如，日本的「Logergist」團體便是如此。Logergist的主要會員有近藤正夫、近角聰信、今井功、木下是雄、大川章哉、磯部孝，以及高橋秀俊等（當然還有其他的會員進進出出，不過大體上這幾位是不變的成員），他們都是日本頂尖的物理學家。他們每個月舉辦一次聚會，話題相當豐富，涵蓋人類、自然等領域。每次的會議紀錄整理後，會刊登在中央公論社出版的《自然》雜誌上，之後再集結成冊出版。目前已經出版了《物理之散步道》《新物理之散步道》等八冊書籍。

我曾在拙著《知性創造的啓發》中介紹過這個團體。《新物理之散步道第四集》的〈前言〉引用了該篇文章，在此再度引用。

「相同領域的學者齊聚一堂也有可能創造出傲人成果，過去並不是沒有這樣的例子。提到Logergist這個團體，會有人納悶這是哪個國家的組織，不過，知道的人就很清楚，這是日本的物理學家所組成的團體。Logergist就像月光會一樣，每個月固定舉行，場地輪流選在會員的家中，這點兩個團體的做法也相同。（中略）我曾有機會感受過該團體的氣氛，不過，總是免不了要聯想到月光會。他們的會議紀錄是對談式的，非常多元化、多面向，因此，光是閱讀紀錄就能獲得難以想像的刺激……

「Logergist是由專業的學者所組成，而且他們也都有優異的成就。無疑的，該會所有的成員都具有無比開闊的心胸，而且，這個團體也必定是因堅定而溫暖的友誼而結合。」

關於月光會，文章中還附加了解釋：

「月光會（Luna Society）成立於一七七〇年代，每個月的月圓之時，在英國愛丁堡舉行聚會。主要的會員有發現氧氣的普里斯利（Priestley J.）、蒸氣機發明者瓦特、協力製作蒸汽機的博爾頓（Matthew Boulton）、瓦斯燈發明者莫多克（William Murdoch）、印刷業者巴斯克維（John Baskerville），以及天文學家赫謝爾爵士（Sir John Frederick William Herschel）等人。該會的中心人物則是依拉斯馬斯・達爾文（Erasmus Darwin），他就是提出進化論的查爾斯・達爾文的祖父。」

思考也要避免近親繁殖

同樣的東西無法互相影響。如果想產生新想法，就應避免近親繁殖。打破專業領域的知識嫁接，才能結出甜美的果實。

雖然月光會的成員都有各自的專長，不過他們卻未因此而受到限制。就好像一位牧師討論英文文法的不完備，最後還寫了一本文法書出版，這樣的例子一點也不奇怪。

有一個詞彙是inbreeding，意思是近親繁殖或近親結婚。如果讓雞隻持續進行近親繁殖，雞的品種很快就會變差，不僅無法下蛋，雞隻也會變小、變弱。

人類也是一樣，近親結婚容易發生我們不樂見的遺傳問題。近親繁殖存在著危險性，因此，每個國家都禁止血緣關係較近的親戚通婚。

桃太郎故事的啟示

日本著名的傳說《桃太郎》隱含著嚴禁近親繁殖的訓誡。老婆婆拾起在河川中漂流的桃子，這代表從外地迎娶新娘。桃子象徵女性，在河川中漂流的桃子代表沒有任何關係的流浪女子。流浪女子不被任何人接受，所以她才會成爲隨著河水載浮載沉的桃子。

健康的桃太郎從桃子裡誕生，這只不過是具體顯示優生學的知識而已。換句話說，這也證明了以前的人深受近親繁殖的惡果所害（終止這個悲慘現實的是桃太郎的父親。他在這個故事中一直沒有現身。老爺爺雖然存在，不過他被遣到山上砍柴，對於選媳婦沒有說話的餘地）。

生物學上的近親繁殖會造成不良結果，知識領域應該也是如此。

例如企業如果都由同一家族的人掌管，很容易就會弱化。因此，以前的日本商人會訂下家規，以收養養子的方式爲家業注入新血。

同樣的東西無法互相影響，如果只靠同家族的人鞏固家業，很容易就會失去活力，最後走向沒落的下場。

如果想產生新想法，就應避免近親繁殖。然而，近代不管知識性或非知識性的專業分工，都是將類似的人聚集在一起。

大學的組織把相同領域的專業人士集合爲一個單位，學院下來是科系，學生就隸屬於其中。我必須說，這對於活化知識性創造是相當不利的環境。因此我們可見，愈是歷史悠久的大學、學系，愈感受不到生氣與活力。這應該就是近親繁殖的毒果。

與之對照的是新成立的大學或研究機構。即便是相同領域的專業人士，因爲與過去所處的環境不同，這差異便足以減輕近親繁殖的弊害。

位於蘇格蘭愛丁堡的月光會創造了驚人的成果，最大的原因應該是會員各具有不同專長吧！他們完全無須擔憂近親繁殖的影響，因此才能像桃太郎那般，成就旺盛的知識性創造。

腦力激盪的原則

腦力激盪（brainstorming）是從美國傳來的團體式思考方法，有一陣子相當受到企業的重視。

做法是由幾個人組成一個小組，每個人各自針對問題想出解決方法。例如，A、B兩棟建築之間要怎麼連絡？答案有派信差往來建築物之間，或是在建築物的屋頂上建一條連接通道，或者利用纜繩接駁等等，任何想法都可以提出。

擔任記錄的人要寫下所有大大小小的想法，這時會有許多異想天開的創意出現。或許有些想法不可能實現，不過腦力激盪的「規則」是，無論想法有多麼奇怪，都不可以潑冷水，說那不在討論之列、無聊或非現實等等。因爲批判的言詞可能會導致浮現在腦中的想法消逝無蹤。

前面章節中我提到，如果輕率的與人討論自己的想法，會破壞腦中難得出現的有趣主題。剛從腦中誕生的想法寶寶非常膽小，一點小事都會使它受到驚嚇而逃得不知去向，如果沒有巧妙的誘導，可能永遠找不回來。

腦力激盪就是這樣循序漸進地導引出各種想法。剛開始出現的大多是常識性、不怎麼有趣的想法。然而，當這些一般性的想法都清空得差不多了之後，再進一步絞盡腦汁所得到的就是眞正嶄新的、以往連作夢都沒想到的點子。

所以才說要好好思考。才想一下，感覺沒什麼進展就放棄，這樣不會得到眞正好的想法。覺得已經不行、想放棄時，千萬不要放棄，再多想一想，最後就會得到絕佳的創意。不能著急，耐力是必備的。

以美式的做法來看，月光會也是執行腦力激盪的優秀團隊，Logergist 也是。

日本人交朋友多半容易訴諸情感。酒朋飯友可以維持很久，但是卻不擅長長久維持知識性團體。從這點來看，Logergist 的存在確實令人刮目相看。

試著積極與人進行腦力激盪，並且避免相同專業領域裡的近親繁殖，那麼，學問之間的交流範圍將會更加擴大。

知識的嫁接，容易結出甜美的果實

專業領域就像一艘軍艦，研究者一走進去便斷絕與外界的往來，自己人關起門來練功。人的注意力通常會集中在中樞部位，就好像搭火車的乘客大多會聚集在中間幾節車廂，即便裡頭非常擁擠，也不會走到第一節或最後一節車廂。專業領域中的近親繁殖就是這樣在不知不覺間發生。當然，創造力也因此逐漸衰弱。

即便大家早就注意到這樣的傾向，一般人也不喜歡從中間車廂往兩端移動，更別說是跳上另一班列車，因爲那簡直就被視爲自殺行爲。聰明的人最好乖乖待在最中央的車廂。

而跨學科研究就是挑戰這樣的常識，爲學問注入新血的研究方法。無論任何領域，將目光放在中樞部位的專家都不願接近周邊領域，因此造成每種學問的邊界都有無人地帶。

要開發這些無人地帶，就必須先除去擋在學問之間的隔閡，跨學科研究於焉誕生。語言學與心理學的邊界是語言心理學、心理語言學；語言學與社會學之間有語言社會學、社會語言學等，這些都是很典型的例子。

目前的階段還無法斷定跨學科研究一定會成功。原因之一，或許是因爲研究者尚無法脫離專業領域近親繁殖的思考。

跨學科研究的目標，是透過知識的嫁接而得到成功的果實。在此也必須重新思考「同樣的東西無法互相影響」這句話的深意。

無處不在的靈光一閃

心情放鬆的時刻，最適合做創造性思考。

不管馬上、枕上、廁上，生活中行住坐臥的當下，妙點子隨處可得。

我們的腦子在什麼時候最能產生好點子？中國自古以來就舉辦國家級的科舉考試，他們應該認真想過這個問題。科舉考試中會測驗學生的作文能力，古老中國重視文章的程度遠超過我們現代人所能想像。

先前說過，歐陽修曾提出非常有名的「三上」。所謂三上，就是馬上、枕上、廁上。

以常識來看，歐陽修所提出這三個容易啓發靈感的地方，令人有些意外，但也還眞是有趣。

靈感在哪裡受啟發？

所謂馬上，以現在來說就是通勤的電車中或開車途中。若在電車上倒還好，若是一邊開車一邊思考，可能就危險了。以前人騎在馬上就算是稍微恍神，也不必擔心會發生什麼事故。

前面介紹過史考特的名言：「別擔心，明天早上七點就會解決了。」睡了一覺之後，想法會自然沉澱。這當中一直處於「枕上」的狀態，並沒有特別去思考什麼。

等到清晨醒來，但還沒下床的時候，腦海中就會浮現出好點子。比起晚上上床後到入睡間，早上醒來到起床之間的時間更容易出現好的想法。前面也提過，科學家亥姆霍茲與數學家高斯等人，都是在早上起床前想到驚人的想法，就是很好的例證。

我在前面談論遺忘的章節中也提到，人體處於睡眠狀態時，腦部會進行遺忘的工作。另外，睡眠分為兩種狀態，分別是「快速動眼睡眠」與「非快速動眼睡眠」。科學家認為，人體處於「快速動眼睡眠」時，身體是休息的，但大腦卻還在工作；「非快速動眼睡眠」則正好相反，大腦在休息，而身體則是輕微的活動。

總之，在快速動眼睡眠時期，就算人睡著了，腦子也還在思考。雖然是無意識的，不過卻是非常了不起的思考作用。枕上指的就是這麼一回事。這是古人敏銳的觀察結果。有趣的是，無論古今中外都有人注意到這個現象。

有的人早上會把報紙帶到廁所裡看，也有人在廁所裡放本辭典。放辭典也許是為了看書時方便。這些行動都代表他們在廁所裡能集中注意力，沒有外來的干擾，就好像是躲在一個人的城堡一般。

或許是這種安心感能解放頭腦，所以人在廁所裡會浮現許多意想不到的想法。只是，與馬上、枕上相比，可能有更多人不好意思坦言罷了。

不去想，才能想得到

三上的思考方式暗示著，思考不需要特地做什麼，只要放空就好，無論如何，絕對不要使勁、絞盡腦汁的想。心情放鬆，就是最適合創造性思考的狀態。

最近，我偶爾會看到有人在電車上動筆寫東西。不過，多數人什麼也不做，白白浪費掉這段時間，或者只是翻著週刊等輕鬆的讀物殺時間，仔細想來，那樣都太可惜了。

之前正在思索的事情，在通勤途中搞不好會突然想到好點子。在枕上、廁上也都一樣。

前面提過「心急水不沸」，三上就是強迫自己暫時離開茶壺，如此才能促進思考的展開。

心理學家蘇利歐（Souriau）說過：「爲了發明，必須思考其他事物。」三上正是做其他事情的狀態，因此也有助於思考其他事物。

生理學暨醫學家巴納德（Claude Bernard）曾經說過：「過於相信自己想法的人不太適合做發現的工作。」（以上兩例均摘自哈達瑪德〔Jacques Hadamard〕的《數學領域的發明心理學》）

提出三上說法的歐陽修還提過「三多」，這也是廣爲人知的概念。所謂的三多就是，看多（多閱讀）、做多（多寫文章）、商量多（多方思量、推敲），是提高寫作能力的三個訣竅。

三多也可以衍生爲思考的整理方法：先讀書、蒐集資料，但這樣還不夠，所以要動筆寫，大量的寫；接下來再閱讀、評析自己的文章。像這樣一步一步提升知識與思考的純度，不僅文章會進步，也是平時歸納想法的步驟。

相對於三上及三多，我個人提出「三中」，夢中、散步中、沐浴中，這三種狀態也有助於思考的形成。

適合思考的身體節奏

剛才我寫到「推敲」二字，這兩個字的由來很有意思。中國唐朝的詩人賈島有這麼兩句詩：

鳥宿池邊樹
僧敲月下門

起初他想到的是「僧推月下門」，幾經思量，改爲「僧敲月下門」，但仍然拿不定主意。他在馬背上陷入了沉思：到底是要用「推」字好呢？還是「敲」字好？就在此時，他的馬闖入了大詩人韓愈的官列，於是他被攔下來盤問。賈島一五一十的說明原委之後，韓愈略加思索，選了「敲」字。

賈島在馬上就好像進入夢中一般。雖然思考需要清醒的頭腦，但有時候也需要進入忘我的境界。

散步時，腦中突然浮現好點子，自古以來這樣的例子多不勝數。歐洲的思想家中，有許多人都是屬於愛散步的逍遙學派。散步的好處是，身體處於一定的節奏，而這會影響腦部的思考。這麼說來，騎在馬上也是處於一定的節奏當中。

還有一個有助於思考的時刻，就是沐浴時。

據說希臘的阿基米德發現比重原理時，高喊：「我找到了！」而他就是在洗澡時想到的。雖然比重原理本來就與泡澡直接相關，不過，一般來說沐浴能提振精神，在浴室裡會忍不住想唱歌就是最好的證明。對於思考而言，使血氣順暢的沐浴應該是不錯的環境。

以上的夢中（忘我）、散步中，以及沐浴中，這三種狀態應該也有利於思考。

和三上一樣，三中也是處於「正在進行」的狀態。其實人每天都處於行住坐臥等行爲的當下，若是如此，妙點子應該隨處可得。

從生活中歸納「活知識」

生活中到處散布著有用的資訊，我們不應將這些資訊當成耳邊風。
一一記錄下來，就算你只是門外漢，
有朝一日知識也會逐漸茁壯，開枝散葉。

有些知識不會寫在書上，只是，稍微受過教育的人總會忘記這一點，而以爲任何問題都能在書中找到答案。

其實，書上沒寫，或是生活中沒遇過，所以沒有人告訴我們的有用智慧不勝枚舉。

舉一個無聊的例子好了。

我長年愛用的旅行包一度磨損得很嚴重。我絲毫不在意旅行包的狀況，反而愈用愈喜愛，然而身邊的人卻對它很有意見，頻頻提醒我：「這樣很難看，快去買一個新的吧！」怎麼說我都不忍心丟掉它，一直在想：有沒有什麼辦法可以拯救它呢？

後來我突然想到了，我們經常會用鞋油擦亮腳上穿的皮鞋，同樣是皮製品，我卻不曾保養過這個旅行包。這樣可不行。於是我試著在旅行包上塗上可麗奶做清潔保養。

結果眞的不一樣了，旅行包頓時煥然一新，連曾經嚴厲批評它的朋友也說：「這樣好像還不用丟，應該還能再用一陣子。」

仔細想想，打從出生到現在這幾十年間，不知道用過多少皮製品，但我卻認爲只有皮鞋要塗油擦亮。我不記得有哪本書提醒過我們這一點，學校也不教這樣的知識。

如果家裡沒有使用皮製品的習慣，父母也不會教孩子皮製品需要經常保養，否則容易受損，因此而被誤丟的物品不知有多少啊！

像這類的事情也算是一種發現。比起解數學題，也許還要花上更長的時間才能了解。

還有，雖然不是我發現的，但我聽說皮製品也能用香蕉皮的內側擦拭保養。這樣的知識還眞是新鮮。據說是因爲香蕉皮含有丹寧的成分，而製作皮製品時會經過熟皮的處理步驟，此時就需要用到丹寧，所以香蕉皮有強化熟皮的作用。大概是這樣的意思吧！不過拿香蕉皮來擦拭咖啡色的皮包還眞是有趣。

還有一個是在某個菜刀產地聽到的方法。聽說愈常使用的菜刀愈容易生鏽。菜刀使用後，再怎麼擦乾刀上的水漬，兩、三天之後還是會產生淡淡的青鏽，這樣菜刀將用不久。其實，有一個很簡單的方法能避免這個問題發生。

菜刀使用完畢後，只要將它泡在熱水中，再以乾布擦拭即可。爲什麼方法這麼簡單，賣刀子的人卻不教我們呢？有一說是，菜刀早點用壞，買新刀的機會就會增加，這樣賣菜刀的人才能賺錢，而教導消費者如何保養菜刀根本是自尋死路。其實學校的家政課就應該教這類的知識，這是學生一輩子都不會忘記的知識。

一般人年輕時不知道健康的重要，到了中年以後，才注意到身體的狀況，也開始注意對身體有益的各種養生法。根據調查，現在十個人中有九人以上都十分關心保健的問題。可能是因為社會逐漸步入高齡化，人們也愈來愈注重身體健康了吧！

如今，到處都看得到有關保健的資訊。可不要小看這些訊息，一旦仔細研究會發現，這些訊息中多少有一些已經整理好的知識。

別把生活資訊當成耳邊風

某長壽會的會長教導民眾一天要吃二十五種食物，米、鹽、砂糖等都視為一種。就算是吃水果，與其吃一顆蘋果，不如吃半顆蘋果加一顆橘子，這樣就可以增加食物攝取的種類。

算起來，一餐吃八、九種就可以了。但如果不特別留心，也沒辦法每天都做到吧！

這位會長還說，上了年紀之後，飲食要以神明的供品爲主。酒類可以（烈酒當然不行），但香菸不能供奉給神佛，所以應該禁菸。蔬菜、海帶、魚類、五穀等都可以，不過神明不吃肉類。

最近，在美國掀起學習日本人飲食習慣的風潮。他們認爲日本人經常攝取富含纖維質的食物，例如炒牛蒡等，因此腸道比較健康，也能預防各種老化現象。這讓我想起在戰爭期間，有一名戰俘收容所的所長因爲讓俘虜吃牛蒡和雜草的根，而以虐待俘虜被起訴。

也有人說攝取過量的鹽比攝取過量的糖更不好。飲食要少鹽多醋，應該減少鹽分的攝取，並以醋調味。

老化都是從四肢的末端開始，所以要經常活動手、腳和指頭，例如走路、做手工藝或寫字等。特別是小指頭，動動小指頭能強化內臟器官。

以近代醫學的角度來看，這些說法具有多少客觀性還不確定。但就算是醫學，也無法讓我們從此不生病或長生不死，這也是事實。

所以，我們不應將這些資訊當成耳邊風。一一記錄下來，就算我們只是門外漢，健康學知識有朝一日也會逐漸茁壯，並且開枝散葉。

養生不是只靠食物就可以達成。疾病是由「氣」引起的，精神上的因素更容易影響健康。關於這點，從現代人的健康狀況便可窺見一切。

懂得整理，就是你的資產

一位美國的社會學家研究死亡的時間，他發現，一般來說生日之前的死亡率會快速下降，而生日過後的死亡率又急速升高。爲什麼生日的前後，老年人的死亡率會有如此明顯的變化呢？對此現象感興趣的學者調查後指出，因爲老人家會期待生日收到禮物。心有期待，就能振奮精神。就算生病，病情也會減緩惡化，甚至反而好轉。然而，生日過後，眼前已經沒有生存的意義了，在這段期間病情加重的案例不勝枚舉。所以才會出現這樣的現象。

有一個故事與這個現象類似。一位醫學大師已病危，雖然確定他將獲得授勳，但眼看似乎撐不到正式授勳的日子。於是大師的學生提出申請，把勳章拿到病床前讓他看一眼。沒想到老人家的病情突然好轉，之後還多活了好幾年。

還有其他類似的故事。一位老政治家同樣陷入了病危，市長便想到，假裝將自己的勳章頒授給他，或許可以給老人家一些鼓勵。那時病床上的老政治家還跪坐著領受勳章，接著病情也跟著好轉。這樣的結果固然可喜可賀，但看到老人家的氣色、精神恢復，也無法跟他要回勳章了。

另外，根據養老院的工作人員表示，愛說話的老人比較不容易老化，或許是說話必須動腦吧！這讓人聯想到瑞典的一家養老院，院方讓老人們依自己的興趣分組，其中也設了學習外文的小組。起初這個小組並沒什麼人要參加，最後卻成為最熱門的一組。組員們個個充滿活力，也都非常長壽。

像這類片段的知識我多半都是聽來的。將相關的資訊彙總起來，還能作為聊天的話題，不知道這些訊息的人還以為我精通養生之道呢！

所謂知識，端看自己有沒有心，如果有心，就算不特別做整理，也會自然累積在腦中。

諺語是思考整理的精華

把具體案例抽象化，更進一步定型化，這就是諺語的世界，也是庶民的智慧。思考事情時，如果引用諺語，許多問題都能迎刃而解。

據說外文對日本人的吸引力逐漸降低。或許有人不以爲然，因爲日本的街頭巷尾處處可見片假名、外國文字，外文的使用情況分明很氾濫。不過，或許正是因爲如此，民眾對於外文的興趣與好奇心愈來愈淡了。

相較於都市人，鄉下人明顯對外文較爲憧憬。觀察明治以後的語言學家，可發現他們大多是地方鄉鎮出身的。偶爾也會有東京出身的外語學者，但是，鄉下地方的年輕人對歐美的憧憬似乎更爲強烈。

第二次世界大戰後，日本人的生活模式逐漸西化。特別是近幾年來，民眾能自由到海外旅行，只是，到了國外一看，才發現夢中的青鳥並不存在，而帶著破滅的夢想返回國門。有時候，了解眞相也不見得就是幸福。

外文也是如此。在還不甚了解外文的時代總覺得外文很有趣。然而，等到生活中外文充斥到讓人厭煩時，就覺得興趣缺缺了。

人類的經驗有相似之處

人與人之間也有類似的情況。隔一段距離遙望對方，總覺得對方好完美，等到關係逐漸親密，才發現完全不是自己所想像的那樣，甚至還覺得討厭呢！許多戀愛也是經歷類似過程而走向分手的結局。

這樣的具體經驗要是忽視不理，就無法運用在其他的事物上。應該把這些經驗歸納整理，化爲公式，讓它成爲生活中的智慧。

遠看是了不起的人物，一旦親近後卻失去了魅力。若將這種情形歸納爲「僕人眼中無英雄」，我們會發現許多事物正是如此。

前面提到外文的凋零，指的是最初還不懂外文時，我們會心嚮往之，不過，一旦攤在太陽底下看透之後，就覺得褪色而無趣。以更簡單的話來形容，就如同日本諺語所說的，「夜裡看，遠點看，傘下看」。這是指欣賞女性時，霧裡看花會愈看愈美。一般來說，如果把距離稍微拉遠，對象朦朧看不清楚，我們的心就會被吸引；一旦過於接近反而感到討厭。覺得討厭的事物，不管再美麗或有趣，也都無心體會了。

上班族不覺得工作有趣，一旦被上司訓斥就覺得別人的工作好像比較好，自己的工作是天底下最無聊的事，一時衝動便辭掉工作。只是，縱使改行，人還是一樣沒變，一遇到困難，又覺得工作無趣，覺得別人的工作比較好。像這樣的人永遠都定不下來。

也有學生很早就出現這種傾向，本來申請進英文系，不久後感到無聊，於是轉到心理系。說是因爲心理系有實驗，看起來比較像是在做學問的樣子。兩年過後，對心理系又厭煩了，這次想做點較具刺激性的學問，結果又轉到了物理系。像這樣的人，不會有什麼偉大成就。

這樣的例子在世上多不勝數，即便如此，重蹈覆轍的人還是一直出現。這是因爲他們沒有把其他人的經驗視爲有用資訊，並且整理出來。其實不是沒有整理，明明有諺語這個高階的定理，卻沒有人知道。

篩選過後，以諺語表達

不停換工作是不明智的舉措。古人早有明訓，所謂「鐵杵磨針」，英文也有「滾石不生苔」的諺語。總之，要成功一定得耐住性子。

爲什麼英語系的學生會覺得心理學很有趣？因爲人性本來就是如此。假設明天要考試，今天晚上必須用功念書。結果，不知道爲什麼，現在突然很想讀一下平常瞧都不瞧一眼的艱澀哲學書，而且本來只打算讀一會兒而已，怎知書一翻開來卻怎麼也停不住，愈看愈入迷，繼而打亂了整晚的讀書計畫，這樣的例子前面已經提過。

將這種經驗整理、分類在「隔壁家的花比較紅」的諺語下，就能省去許多思考的功夫。隔壁家種的花，遠遠望去，格外覺得鮮紅，也許靠近一看，上面都是蟲也說不定。放在眼前的花看起來還比實際上遜色。

做生意、投機的人總是爲了抓住買賣的好時機而傷透腦筋。覺得時機到了而下手，結果才發現出手太早。於是記取這次的教訓，下次覺得已經準備妥當了，卻又錯失良機，後悔應該早點做決定才對。做生意的人不斷體驗這類的失敗經驗。每次的交易都很複雜，每次的狀況也都不同，要找到適當的時機非常不容易。自己的判斷不是絕對的，把這樣的經驗歸納爲法則，就是「事與願違」。

引用諺語，問題迎刃而解

令人納悶的是，學校教育總是瞧不起諺語，有時使用諺語還會被認爲不符合知識分子的身分。不過，爲現實生活而勞苦的人們卻對諺語很感興趣。因爲諺語對生活非常有幫助，可以用來理解現實或作爲判斷的標準。

思考事情時，如果引用諺語，許多問題都能迎刃而解。

現實生活中發生的都是具體的問題，由於每個問題都有各自特殊的情況，不是那麼容易分類，而諺語就是將這些個別情況歸類，並且一般化、文字化。

例如，甲這個上班族無法穩定下來，總是接二連三不斷換工作。這種情況，其實是一般上班族、甚至是人類的惰性，而且自古以來人就有這樣的缺點。如果套在「滾石不生苔」的模式裡，我們就知道他只是依循著人類的習性行動，並沒有特別奇怪。

把具體案例抽象化，更進一步定型化，這就是諺語的世界，也是庶民的智慧。自古以來，每個國家都有數不清的諺語，**從沒有文字的時代起，諺語就述說著人類思考整理的發展過程。**

歸納、整理個人的思考時，歷史上所創造出來的諺語可以當作參考。

如果要每個人把自己的經驗和思考原封不動的記錄、保存下來，大家可能會無法忍受如此繁複的工作，結果導致所擁有的資訊一點一滴的流失，最後什麼也不留。

將每個案例一般化，並且盡量以普遍的形式歸納整理，將來再次發生同類的事時，就能呼應、並且強化該模式。總之，**創造自己專屬的「諺語」，藉以統整自己的經驗、智慧與思考**。當自己創造出來的「諺語」之間彼此有了關聯性時，就會逐漸形成一套完整的思想體系。

想達到這樣的境界，必須先釐清自己所關心、感興趣的核心事物是什麼，然後將核心周圍的具體事項、經驗昇華爲一般性的命題，建立起個人的諺語世界。如此一來，就算是不愛讀書的人也能充分構築自己的思考體系。

第 6 章

思考的進階

思考從真實生活開始

真正的創造性思考，不能與真實生活脫節。
思考若不帶有汗水的味道，就會欠缺活力，變得抽象而模糊。

如果說現實有兩種，一定會被笑吧！但是，對於吃了智慧「禁果」的人類而言，現實絕對不是只有一個。

我們直接接觸的外界，也就是物理世界，是現實。不過，我們透過知性活動，也在腦中建立了另一個現實世界。若將最初的物理現實稱為**第一次現實**，那麼在腦中的現實應可稱為**第二次現實**。

第二次現實是觀念現實，是根據第一次現實和第二次現實的資訊建構而成的世界。不過，由於知性活動的影響，漸漸的，第二次現實會帶有強烈的現實感，有時候甚至比第一次現實更寫實。

與知識、學問有密切關係的人常會否定第一次現實，只願活在第二次現實中，即是最好的證明。

以前的人主要是透過讀書來建立第二次現實的世界。由於讀書人通常比較觀念論，所以他們大部分都是透過知識，間接接觸外界，而不直接接觸。

思考也是在阻絕外界的情況下才能深入進行，第二次現實的世界便因此而建立起來。可以說，人類的所有行爲都會促成第二次現實的形成。

不過，大部分的人還是只靠第一次現實生存。有些人很早就發現這樣不算眞正活在現實之中，所以立志研究哲學。要認識第一次現實，就必須以超越第一次現實的第二次現實的觀點才辦得到。

一直以來，第二次現實幾乎都是藉由文字與閱讀所組成，然而，近三十年來，新的第二次現實大量出現，那就是電視的世界。電視節目的內容幾近逼眞，看起來比眞實世界還眞實。坐在客廳裡就能走到世界的盡頭，感覺已經出門旅行一趟了，有時甚至還忘了這其實是第二次現實的世界。

思考會在真實生活中留下蛛絲馬跡

閱讀時在腦中描繪的世界是觀念的產物，較不易產生以假亂眞的誤解。然而，透過映像管所看到的影像卻是如此生動逼眞，很容易讓人錯以爲是第一次現實的世界。現代人大概是有史以來第一批以第二次現實爲主要生存世界的人，這或許也可說是人類精神史上的革新吧！

除了以前藉由鉛字所產生的第二次現實之外，強力的影像所產生的第二次現實，使得現代的知性活動更爲複雜。

就算是關於思考的問題，也不能忽略第一現實與第二次現實的差異。

一般人都認定思考是屬於第二次現實的層次。閱讀前人的研究成果的同時，腦中也會與之對談，進而產生新的想法。這麼一來，與第一次現實的關係就變得曖昧了。或許我們可以說，切斷與低次元現實的關係，才能往更高層次的思考空間飛翔。也是因爲這樣，前一章提到的基於現實的諺語才會不受人們重視。

不過，其實**思考產生於第一次現實**，簡單而言，就是產生於眞實生活當中。這種說法並不奇怪。現代人對思考不感興趣，無非是因爲我們自己創造了知識階級制度，以爲只有所謂的「知識分子」才需要思考。其實，勞動也需要思考，也需要思索和知識性的創造。

一直以來，由於「看」與「讀」的思想受到尊重，「勞動」和「感覺」的思想就被視爲沒有價值。但是，知識和思考並不是「看」與「讀」所獨有，我們不能忽略身體勞動時，夾帶著汗水所產生的獨特思考。雖說思考是觀念性的，但只要是人類的思考就脫離不了第一次現實。再怎麼間接，也會在眞實的生活中留下蛛絲馬跡。

思考不能與真實社會脫節

在現代這個第二次現實凌駕第一次現實的時代，我們更要特別注重第一次現實。

人的思考若沒有汗水的味道，就會欠缺活力。在沒有意識到這點的情況下，思考變得抽象，詞彙所指稱的實體也愈來愈模糊。抽象是在第二次現實產生的思考性格，不管現代的思想如何僞裝得讓人看來栩栩如生，透過影像傳達，看似具體，但現實性卻是明顯變得薄弱。

我們必須更加重視在第一次現實所進行的思考與知性活動。以結果論而言，上班族的思考多半是根據第一次現實，相較之下，學生的思考則根據書本，以第二次現實爲土壤扎根，繼而開花結果。學生即便想以生活爲基礎進行思考，但對於生活是什麼還不是很清楚，所以也辦不到。

像這樣的學生，一旦離開書本進入社會，就立刻會化爲一般的凡夫俗子而非知識分子。因爲他的知性活動深植於書本當中，而第一次現實的知性活動，需要飛機的能力，滑翔翼是辦不到的。學生的思考與社會人的思考之間的差異，就如同滑翔翼與飛機的差異一般。

變成社會人之後，需要思考時，也會想逃離行動的世界，躲進書本裡。然而，忙於工作的人，已經無法像學生一樣，就算仿效學生專心讀書，也難以產生眞正的思考。若無法讓自己的行動世界與知性世界相融合，可能就學不會大人的思考模式。

就思考的整理而言，第二次現實，也就是從書本出發的知識，因爲已經有了初步的整理，所以比較容易處理。而從第一次現實產生的智慧是零散的，絕大部分必須靠自己歸納，也因此，社會人的思考，往往就止於發散性的想法。

一邊散步一邊思考，就是在第一次現實中進行的思考。這與中斷生活、投入書本世界的思考方式有著本質上的不同。**我們的知性活動經常只是模仿，而不是眞正的創造性活動，或許原因就在於與眞實生活脫節之故。**

要產生帶有汗味的思考

一邊工作或一邊進行日常的活動，同時一邊整理思考，建立新的世界，這就是飛機型的人。如前所述，多數人的知識訓練通常是被人拉著、推著才動起來，也就是滑翔翼型的訓練，而且通常都是第二次現實的知性活動。

我們一定要創造**帶有汗味的思考**。若不想僅止於靈光一閃的發想，就要設法系統化。之後的作業就與第二次現實的思考沒什麼兩樣了。**眞正的創造性思考，是根植於第一次現實而誕生**，這點現代人必須銘記在心才行。

第一次現實的思考結晶本來就是通俗的，亦即前述的諺語，是無法從書中獲得的，以前是如此，現在也是這樣。

甚至，回溯日常生活中所使用的每個詞彙的源頭，就會發現，語言本身就是第一次現實的產物。而第二次現實，也是根據第一次現實所創造出來的思考產物。

學會閱讀未知的事物

文學作品是連結已知與未知的橋梁，但我們不能就這麼停在橋上。
閱讀最終的目標，是要能走向未知，挑戰全新的世界。

知識活動可分爲三類：

1 對於已知事物的再認識，以下稱爲A；
2 理解未知的事物，以下稱爲B；
3 挑戰全新的世界，以下稱爲C。

以閱讀來看，閱讀、理解已體驗過的已知事物的文章，是屬於A的閱讀。

例如，閱讀已經非常熟悉的地方的相關文章，或是閱讀已經實際看過的運動賽事報導，閱讀之後對這些事物有進一步的認識。

由於事先已有相關的知識或經驗，閱讀之後再產生相同或非常類似的知識，將這兩者相連結，就會產生「我懂了」的感覺。由於原本就有基本認識，所以這類的閱讀只是更加了解已知的事物罷了。

我們無論如何都必須具備B——理解未知事物的能力。這與前面A的再認識不同，沒有前例可循，要直接面對新世界，所以多少會有無法理解的部分。若要跨越這道隔閡，只能依靠想像力。因此，再怎麼熟悉A的閱讀，也不見得能勝任B。因爲這兩種行動的本質並不相同。

書讀百遍意自通

對人類來說，正因爲有B的閱讀方法，才能導引我們走向未知的世界。這層意義非常重要。然而，一般人分不清楚A與B的差別，只有極少數人會去思考該如何從A轉移到B，大部分人只停留在A，便誤以爲這就是所謂的閱讀。

A的閱讀只是知曉，而B則不只是知道就夠了，還必須經過「解釋」。以詞彙爲線索，進入未知的世界，如果能達到理解，未知事物就能變成已知。

除此之外，還有些文章像是不想向讀者解釋般地難以理解，這就是C的閱讀。要如何知道這是C呢？只有親身體會過才能知道。只看一次、兩次不可能懂，多讀幾遍後，開始有一點模模糊糊的感覺。所謂「書讀百遍意自通」，指的應該就是C的閱讀方法。這種閱讀會根據每個人的想法不同，而產生自我風格強烈的詮釋。

從前私塾的素讀課，只教導漢字的讀音，並不解釋意思。對於年幼的孩子而言，漢字是完全未知的世界，他們便是藉由C的方式逐漸了解漢字，而不是透過B的方式。禪僧面對公案❶，也是經過長時間不斷的思索，最後終於領悟。

挑戰看不懂的書

現在的讀者都強烈要求文章必須簡單易懂，所以，類似C的閱讀方式和書籍幾乎看不到了。這種思考式閱讀必須盡全力動員自己的想像力、直覺和知識等資源，最後到達「自我風格的詮釋」。

我們經常聽到有人提倡閱讀的重要性，不過，這些多半都只著重閱讀的量。從質來看，只是知曉的A和從已知的延長線來解釋未知的B，以及更進一步挑戰完全未知的C，三種閱讀方式截然不同。

我們可將C含括在B中，只區分閱讀未知與已知即可。

學校教育從A的閱讀開始，先讓學生閱讀早已明白詞彙意義的文章。這是針對已知的閱讀，應該沒有人會質疑這樣的教育方法。不過，如果想到過去的私塾教育，跳躍式地讓年幼的孩子閱讀高難度的未知知識，就能理解從A開始並不是唯一的方法。

要教學生認字，必須從最根本的A開始，而且需要長時間的訓練。也因此，我們會不知不覺忘記B的閱讀方式。回顧一下以前接受的語言教育，就會發現A與B的分界並不清楚。

我們總希望有一天能以B的方式閱讀，但是要從什麼時候開始呢？沒有明確的時間點。不過這也難怪，學校或老師對這點也是模糊不清，甚至根本毫不在意。

文學作品是最好的媒介

我們不可能本來只會以A閱讀，卻突然能以B的方式閱讀。這之間需要銜接的橋梁，而文學作品就是有用的媒介。所以說，在國語教育中閱讀文學作品才會如此重要。

對讀者來說，故事、小說乍看之下是很容易親近的形式，看起來不會太難，似乎用A的方式就能理解。不過，這並不代表眞是如此。事實上，讀者是在不知情的狀況下，逕自推知了作者的想法。一部分是根據已知的知識，再加上讀者自己的想像，在已知的延長線上模糊地掌握了新世界。就這樣，同時進行了A和B兩種閱讀行爲。文學創作之所以讓人覺得獨特，與這種雙重的閱讀經驗不無關係。

不過，要完全從A轉變到B也不是那麼簡單。大部分的情況是，學校僅培育了膚淺的文學讀者，學生並沒有眞正學會閱讀未知。

這不僅是語言教育上的遺憾，同時也大大影響了我們的思考與知性活動。我們認爲有趣的文章幾乎都是故事性的文章，這種傾向在在顯示多數人對抽象式理解能力的匱乏。無論如何，消遣性的文章實在太過於氾濫了。

文學作品是從A閱讀跨越到B閱讀時不可或缺的橋梁，但我們不能只停留在理解文學創作。閱讀的最終目標，必須眞正達到B才行。

閱讀外文的古典作品，有助理解未知

若要達到此目標，光是情感上理解文學作品還不夠，必須仔細思考：透過「解釋」，能在已知的延長線上了解多少未知？還有，只透過想像與直覺所掌握到的發現，是否具有意義？

而這樣的作業不該只倚賴國語教育或閱讀指導課程。如果將了解未知的方法視為所有知性活動的基礎，對於所有關心思考與知識的人來說，這便是相當重要的課題。

在母語方面，已知與未知的分界通常很難明確區分。這也就是為什麼我們會搞不清楚A閱讀與B閱讀在本質上的不同。

跟母語相比，閱讀外文時，顯然B的部分占多數。因此，想學習理解未知，閱讀外文的古典作品是有效的方法。這並不是沒有根據。漢文的素讀乍看之下像不成熟的閱讀方式，但事實上，像這樣直接訓練閱讀未知，才能培育出眞正優秀的讀者。

在西歐國家，相當於日本漢學地位的大概就是希臘、羅馬的古典文學了。自中世紀以來，希臘、羅馬的古典文學被放在學校教育的中心位置，這絕非偶然。

閱讀未知，不僅是語言教育，其重要性幾乎等同於人格教育或知識訓練。現代人，該好好省思了。

注釋：

❶古代禪師開悟的故事、言行紀錄。

思想的擴散與收束能力

學校的教育向來都以收束性的訓練為主，也就是追求正確、滿分的答案。
不過，收束性的思考只占思考活動的一半而已。

我們每個人都擁有兩種完全相反的能力。一種是想改變接收到的資訊，並從資訊中脫離的擴散能力。另一種是爲分散的各種事物找到相關之處，並且歸納整理的收束能力。

假設有十個人談話談了三分鐘，接著要求他們把剛才談話的摘要寫下來，十份摘要的內容應該都不同。不可能出現完全相同的摘要，因爲這沒有所謂的「標準答案」。數學有標準答案，不過上述的摘要就沒有標準答案。有的摘要很有趣，有的很精簡，不過，沒有唯一的正確答案。

沒有正確答案的情況不僅限於這樣的摘要。考試時的申論題嚴格說來也沒有正確答案，每個人是以各自的方式作答。

數學容許大家回答相同的正確答案，不過，如果是錯誤的答案，也不可能完全一樣。錯誤的答案是根據主觀作答，是非常個人化的，基本上，完全相同的錯誤不可能發生。

做摘要，就和錯誤的答案一樣，都是以擴散性思考為基礎。因此，理論上兩篇字句完全相同的摘要不可能存在。

但有趣的是，這種理論上不可能存在的現象，竟然在現實中發生了。

學生答案都一樣的危機

最近，有愈來愈多學校的入學考要求學生寫小論文。針對題目寫出一篇文章，這照理說應該不會出現收束現象，因為文章沒有所謂的標準答案。由於每個人都必須寫出自己的想法，所以可以自由的發揮擴散性思考能力，藉此展現學生自己的個性。這是一種理想的測驗方式，近年來受到大眾的注目。

然而，令人訝異的是，根據改考卷的主考官說，學生寫出來的內容幾乎相同。起初我聽到這消息時實在無法相信，再怎麼說也不可能發生這種情況啊！

然而，到處都聽得到這樣的聲音。高中爲學生舉辦作文的模擬考時，據說也出現同樣的情形。我並沒有誇張，這是眞實的情況。恐怕是老師指導的效果太好，讓學生誤以爲只要將老師教的內容照抄就是正確答案。如果作文也跟數學一樣，要求標準答案，可是天大的誤會呀！

作文不可能一字一句完全相同，然而，如果大家想表達的想法都一樣，表示學生只會依照收束性的思考方式來寫文章。而這樣的文章，不可能從中讀出作者的個性。

不一樣才是正常的

人本來就具備強烈的擴散性思考能力。以前的軍隊裡配置有傳令兵，在通訊不發達的年代，移動中的部隊之間都是靠口頭互通訊息。部隊之間會等距離設置中繼站和通信兵，所有的訊息就是透過這種方式傳送。

然而，大多數的訊息都沒有正確抵達終點，這中間多少都會有落差，也就是發生誤傳的現象。在重要的場合中，誤傳是嚴格禁止的，因此傳令兵平常就要不斷訓練傳令的能力。即便如此，還是很難達成正確的傳送。

儘管每個人傳令時都十分注意正確性，但由於擴散作用的影響，訊息還是被扭曲了。被扭曲的訊息到了下一個中繼站又會產生變化，於是訊息的正確性就這樣逐漸偏差。

訊息的變化若更嚴重點，就成了所謂的「加油添醋」。謠言、傳聞或八卦等都是強烈的擴散作用所形成的現象。有時候因個人的見解不同，而賦予訊息不同的重點，這也是一種謠言。我們每個人都有可能成爲謠言的傳播者。

根據擴散作用所產生的，都是一些零星的想法，不像線一樣有脈絡，而是像點一般，散落在各處。點與點之間乍看似乎沒有什麼相互關係，不過，如果以本書用過的比喻來說，那就是飛機型的思考模式。

與之對照的是根據收束作用所產生的「整理」。整理需要焦點，針對目標統合所有的事物。如果不先釐清方向，就無法進行整理的作業。

學校只教了一半

學校教育向來都以收束性的知識訓練爲主，也就是追求正確、滿分的答案。長期接受學校教育，學生會陷入所有事物都有正確解答的錯覺，那是因爲我們只受過收束能力方面的訓練。

而這樣的頭腦在面對沒有滿分答案的問題時，就不知所措。學生雖然無法提出自己的想法，不過細心的人會根據所需，整理所學的知識，這樣的學生被視爲優等生而受到尊重。這類學生的收束特性非常強，也就是屬於滑翔翼型的學生。收束性思考的優點是，能夠歸納出完整的脈絡或系統，與擴散性思考只得到零散的想法有著明顯的對比。

重要的是，思考時要能區分二者的作用。

一直以來，我們都以收束性思考爲主，所以在思考上，整理相對比創造容易。然而，收束性思考只不過占思考活動的一半而已，而且是屬於被動的那一半。創造性的那一半必須靠擴散性思考，也就是不怕誤解，藉由突然來個大轉彎的離心力所產生的思考。我們的社會一直以來都沒有充分認知到這點，以爲眞正的獨創或創造只有「怪人」才做得到，眞是可悲。

就算是閱讀，向來也是規定只有一個正確答案，也就是將作者的意圖視爲絕對、正確的答案。朝這個目標所進行的閱讀就是收束式閱讀。

滑翔翼人不懂的事

相較之下，提出自己創新解釋的閱讀，就是擴散式閱讀。當然，這或許會與作者的原意衝突，而遭受收束派指責誤讀、誤解。不過，請不要害怕。不要忘記，**閱讀時的擴散作用是讓創作的生命保持不朽的絕對條件**。**因爲經典就是透過擴散式閱讀而形成的**。前面提過，沒有任何一篇文章是原封不動的保存作者的意圖而成爲經典的。

我說過，擴散性思考所產生的，是未經歸納的散狀的點。收束派擔心任由這樣的情況持續發生，會造成無法收拾的混亂局面。其實，即便是擴散派，也不是胡亂任性的思考，乍看之下可能非常混亂，不過一旦點的數量夠充分，思考自然會走向收束。

假設有一個新的詞彙出現，每個人都以自己的方式使用這個新詞，這就是擴散式的使用方式。就算想統一用法，字典上也找不到定義。不過，隨著時間的經過，新詞彙的意義自然會沉澱、固定下來。這就是擴散式思考自然收束的精采實例。

要是只有擴散，而沒有收束作用，最後這個新詞彙也會消失。

缺乏思考，人腦不如電腦

只會記憶與重現的滑翔翼人，將被電腦所取代。

未來，可以做多少機器或電腦無法完成的事，將決定一個人在社會上的價值。

一直以來，我們的知識活動都是以記憶與重現爲主，理所當然的，造就了許多滑翔翼人。前面提過，學校本身對於作爲滑翔翼人的訓練場所一點都不以爲恥，反倒還引以爲傲。社會上也早已見怪不怪。

大家都認爲記憶是人類的專利，只有人能事先將重要的事記在腦中，必要的時候再從腦中喚醒。這種能力愈強的人，愈會被視爲「優秀」。教育機構當然也把全心全意培養這樣的人視爲理所當然的任務。

對於這樣的現象，過去我們不曾多加思考，因爲沒什麼需要懷疑的。然而，這幾十年來，人的記憶與重現的價值愈來愈受到質疑。

因為出現了電腦。電腦（又稱電子計算機），如名稱所示，如果只有計算功能，我們一點也用不著擔心害怕。不過，除去計算機的外衣，電腦已經愈來愈接近人腦的運作功能了。

電腦已經能做到記憶與重現，這一直以來被認為只有人類才做得到的事，電腦已經能快速而且輕易的完成。原本必須花幾十或幾百人的人力才能完成的事，一部電腦就可以辦到。看到這種情況，人們從一開始就驚嘆不已。

被機器奪去工作的人

終於，人們不再只是感到佩服，而是心中開始萌生某種反省：一直以來拚命用功，難道就是想成為像電腦一樣的人嗎？況且，無論是記憶或重現，人永遠無法贏過電腦。

如果見識過真正的電腦，就會知道電腦也有缺點。人腦不須依靠電源，而且無論到哪裡都能以自己的雙腳移動。從這幾點看來，也能稍稍感到安慰吧！

透過電腦，過去教育的愚蠢之處便表露無疑。眞正優秀的記憶與重現機器已經製造出來，人腦這不完備的裝置卻還要把資訊硬塞進去。學校培養出來的都是電腦人，而且，還是輸給電腦機器的電腦人。

機器取代人力是歷史必然的趨勢。然而，如今面對新機器的挑戰，人類卻還沒有任何危機意識，今天延續著昨天以前的歷史，明天也依循著今天的模式繼續運作。大概就是因爲這樣的樂天保守主義，使得大家看不清現況。

人類發明機器，讓機器承擔勞動性的工作。我們可以想成，機器是佣人，我們照自己的意思驅使佣人。不過，相對的，人也不斷被自己發明的機器奪去工作。雖說生活方便了許多，但實在無法讓人眞的開心。

從歷史的角度來看，最顯著的例子就是工業革命。以前靠人力的工廠作業開始被具有馬力的機器取代了，工廠的主角從人變成了機器。人只是負責操作機器，實際上製造產品的是機器。被機器奪去工作的人，在機器無法發揮功用的辦公室裡找到立足之地，上班族於焉誕生。只有人才能處理文書等行政作業，而隨著行政作業愈來愈複雜，上班族也愈來愈多。

電腦普及後，更該重視人的思考力

工業革命帶來了巨大的變化，機器將大量的人類趕出工廠。爲了追求人所能勝任的工作，人們一窩蜂的擠進辦公室，那裡是機器所無法介入的地方，是人類的聖地，這樣的狀態在西歐持續了兩百年。

然而，由於電腦的發明，這個聖地也將瓦解了。電腦擁有精良的行政能力，而且不像人會抱怨，電腦可是毫無半句怨言。電腦也不受勞動基準法的約束，所以能不眠不休的工作。適應了太平生活的上班族面對突然出現的強敵，應該要更震驚才對。

新機器的出現打敗了「機械性」的人類，機器與人類的競爭也宣告結束。我們這才發現自己的頭腦其實有相當的電腦性，而且能力比電腦要差很多。

總有一天，機械性人類終究得接受社會的自然淘汰法則，讓位給電腦。想想工業革命的發展過程，這樣的預測應該不太可能有機會逆轉。

一直以來，學校教育都是以記憶、重現爲主要的知識訓練。因爲以前沒有電腦，所以如電腦機器般的人在社會上是有用的。記憶與重現幾乎是教育內容的一切，也鮮少有人對這樣的現象提出質疑。然而，在電腦普及的現代，這樣的教育觀念必須重新檢討。

這不只是學校應該面對的問題。我們要如何看待每個人的頭腦功能？所謂的思考到底是什麼？「機械性」和「人性」的概念要如何重新定義？許多重要的課題都必須提出來一一審視檢討。

重心應該放在電腦做不到的事

本書將重點放在思考而非知識，正是因爲知性活動絕大部分強調「機械性」訓練，而造成「人性」面的問題。

在電腦快速普及的美國，竟然有人說「創意開發還眞是麻煩」。人若想過得像是眞正的人，就必須做機器做不到或難以達成的事。而有創意正是其中最重要的部分。然而，向來專門訓練滑翔翼人的學校，不可能因爲一些聲音或意見就變得會製造飛機。連學校是否會教創意這檔事都還是個問題。

只是，**未來可以做多少機器或電腦無法完成的事，將決定一個人在社會上的價值，這點是清楚可見的**。什麼事是機器做不到的？要看透這點還需要一些時間，光是賣弄創造性這種抽象概念是沒有用的。

培育人的教育工作本身就是一種創造性行爲。不是只有待在教室裡上課才叫作教育，教導幼兒認知、懂事，就是最高等的創造性工作；教練培育優秀的運動選手也是創造性的工作。藝術創作或學術研究當然是創造性的，做生意或買賣也有許多電腦無法勝任的部分。因此，只要電腦無法涉入的部分愈多，就愈屬於創造性工作。

只有人能活得像人，光是這點就已是了不起的創造性、獨創性工作了。隨著電腦問世，將來人類該何去何從？能洞察這點的也只有人，而這正是眞正的創造性思考。

後記

思考不是奢侈的享受，而是單純的樂事

我們在日常生活中不經意的使用著「思考」這個詞彙。必須思考的事情很多，有時也會因無法順利得到結論而感到焦慮或悲觀。一直以來，我們都以爲自己擁有相當的思考能力。

不過，「思考」是什麼？和「想」有什麼不同？與「知道」的關係又是什麼？思考需要依照什麼順序？會如此煞有介事地思考的人，基本上是屬於特例吧！

以前，學校幾乎完全沒有教導學生如何思考。當我們察覺到這點時，才發現早在不知不覺中養成了自己特有的思考方式，或是擁有自己一套歸納思考的方法。

既沒有人教，也沒有特別下功夫研究，而是自然形成的思考方式。每個人的想法都受到這種自然形成的思考方式所規範。而麻煩的是，我們很難清楚自覺到自己的思考方式。

接觸其他人的思考方式，倒是能有效的意識到自己是以何種方式思考。從這層意義來看，若有讀者因本書而得到任何幫助，本人當甚感榮幸。

大體上，關於思考或思考的整理，我個人認為很難提供簡單的方法。因此，本書不打算提供讀者任何技術或方法，也不教導讀者任何基本技巧。

許多人都覺得思考是件麻煩事，不過，或許也有人認為這是奢侈的享受。除了有一定目的的實用性思考之外，什麼時候我們才會發現，也有「純粹的思考」這件趣事呢？

對於正思索著思考是怎麼一回事的人而言，如果本書能作為參考，那眞是我的榮幸。若本書的內容有任何足以成為刺激的來源，那只能說是超乎我意料之外的收穫了。

承蒙筑摩書房編輯部的井崎正敏先生鼎力相助，才有本書的誕生，在此鄭重致上誠摯的謝意。

一九八三年早春　外山滋比古

出版後記

對「思考」的迫切需求，創造了出版奇蹟

國內的教育專家和學者不斷呼籲，塡鴨式的教育和升學主義，造成台灣學生沒有創意，不懂得思考。不只在中學階段，甚至連大學校長都毫不客氣的說，現行的大學教育制度，根本就是「在往學生們的腦子裡灌屎」。尤其是進入資訊爆炸時代之後，需要的資訊隨手可得，缺乏思考力、創造力，幾乎就等於沒有生產力，受了高等教育，甚至研究所畢業，照樣被企業嫌棄。《*Cheers*》雜誌曾經公布的調查顯示，有高達五成七的企業主認爲現在大學或碩士畢業生的能力不符所需。

問題是，思考究竟是怎麼一回事？到底該怎樣才能提升思考力？

這個問題不僅困擾家長、學子，也是一般工作者共同的困擾。

二〇〇七年，日本岩手縣澤屋書店的店員、不到三十歲的松本大介，也正

爲這個問題深感苦惱，不斷自問「思考到底是怎麼一回事？」突然間，他的目光停在一本名叫《思考整理學》的書。他好奇地拿起來翻閱。

書中寫到，不懂得思考的人，就好像「滑翔翼」，無法獨力飛行。思考需要發酵、醞釀，過程就好像麥子要變成酒一樣。而我們向來亟欲避免的「遺忘」，其實有助於思考的自然行爲。內容在在都是網路發達、凡事講求效率的時代，値得好好省思的課題。讀著讀著，他覺得自己的思緒開始清晰了起來。

之後松本才赫然發現，這本書竟然早在一九八六年就出版了。作者外山滋比古教授二十多年前的眞知灼見，如今看來竟然毫無褪色，讓他不禁想：「如果早點看到這本書，該有多好……」

「如果早點看到這本書，該有多好……」

他把這樣的心情寫成POP文案，在書店中陳設，向讀者推薦這本書。

這句話似乎有特別的魔力，立刻吸引了讀者的注意，特別是在大學生和年輕人之間形成了口碑。出版此書的筑摩書房得知消息後，將松本先生的文案印成書腰，加強宣傳，進一步在日本全國的書店引爆銷售熱潮。短短一年半時間，總銷量便從十七萬激增到五十萬！

最多東大生、京大生讀過的一本書

二〇〇八年底，各大書店的年度暢銷榜出爐，本書果然表現優異，更成為東京大學、京都大學校園書店的年度暢銷冠軍。筑摩書房為此重換書腰，改用「最多東大生、京大生讀過的一本書」這句文案，吸引日本學子爭相拜讀。

二〇〇九年六月以後，這本書每個月都再版十萬本，終於，在九月初總銷量突破一百萬冊！成為除了村上春樹的《1Q84》之外，二〇〇九年超級不景氣的日本出版界唯一一本銷量破百萬的實用書。

由一張POP文案開始，引發全民閱讀、創下百萬銷量的現象，在閱讀人口眾多的日本來說，也堪稱一大奇蹟。嗅覺敏銳的新聞媒體注意到這個現象，

《讀賣新聞》《朝日新聞》《日經新聞》、TBS電視台報導不斷，《產經新聞》更以「特例中的特例」形容此盛況！

不過，深究起來，在這個百萬奇蹟的背後，對「思考」這件事的迫切需求，應該才是真正促使讀者掏腰包買下這本書的真正原因吧！

很高興能將這本書引介到台灣，讓我們也能透過這本書，學會整理思路、醞釀課題，學會寫論文或文章，知道如何消化並吸收資訊，並且了解思考的真相。期待它能使台灣的莘莘學子和工作者，脫離「沒有創意」「不會思考」的窘境或汙名，擁有不一樣的人生。

Eurasian Publishing Group
圓神出版事業機構
用心與你對話・視野無限寬廣
究竟出版社
Athena Press

www.booklife.com.tw　　reader@mail.eurasian.com.tw

New Brain 033

思考の整理學：最多東大生、京大生讀過的一本書！

作　　者／外山滋比古
譯　　者／韋杰岱
發 行 人／簡志忠
出 版 者／究竟出版社股份有限公司
地　　址／臺北市南京東路四段50號6樓之1
電　　話／（02）2579-6600・2579-8800・2570-3939
傳　　真／（02）2579-0338・2577-3220・2570-3636
總 編 輯／陳秋月
副總編輯／賴良珠
責任編輯／林婉君
校　　對／林婉君・賴良珠
美術編輯／簡瑄
行銷企畫／陳禹伶・鄭曉薇
印務統籌／劉鳳剛・高榮祥
監　　印／高榮祥
排　　版／杜易蓉
經 銷 商／叩應股份有限公司
郵撥帳號／18707239
法律顧問／圓神出版事業機構法律顧問　蕭雄淋律師
印　　刷／祥峯印刷廠
2021年7月　初版
2023年9月　11刷

定價 320 元　　ISBN 978-986-137-330-0　　

◎本書如有缺頁、破損、裝訂錯誤，請寄回本公司調換　　Printed in Taiwan
◎本書爲改版書，之前曾以《這樣思考，人生就不一樣》爲名出版少一點事後補救，多一點超前部署。
現在世界需要的是低調一點的英雄，
願意爲不再需要高調拯救的世界積極努力。
在生活中、社會中，
有多少問題是因爲我們已經忘了自己有能力解決，
所以一味容忍？

——丹・希思，《上游思維》

國家圖書館出版品預行編目資料

思考の整理學：最多東大生、京大生讀過的一本書！／
外山滋比古 著，韋杰岱 譯. -- 初版 -- 臺北市：究竟，2021.07
272面；14.8×20.8 公分 --（New Brain；33）
譯自：思考の整理学
ISBN 978-986-137-330-0（平裝）

1. 創造性思考

176.4　110008294